Come Disegnare le
Lettere
Maiuscole

INDICE

Introduzione..1

Capitolo 1..3

Lettering, caligrafía e tipografia

Capitolo 2..9

Anatomía della lettera

Capitolo 3..18

Disegno della lettera

Glossario..45

Introduzione

Nel 1535, l'artista Albrecht Dürer ha inventato un modo per descrivere la struttura delle lettere per il design e la riproduzione:

Immagina tu: sei al telefono con una persona che non ha mai visto l'alfabeto. Questa persona comprende concetti di base, come "quadrato", cerchio "e" linea ", ma non ha idea di come creare una" A "o" "B" o qualsiasi altra lettera. Pensi che sia possibile spiegare al telefono, usando solo quei semplici termini, come disegnare tutte le lettere?

Sembra facile? Prova con "B." Una linea retta con due semicerchi ?. Questa descrizione è lungi dall'essere sufficiente; una linea da dove a dove ?, dove vanno i semicerchi ?, e cos'è un semicerchio? non è facile.

E se invece di una forma generale della "B" ;. Dovresti spiegare a questa persona come creare una "B" perfetta in Times? O Palatino? O in lettere Traiane o in un altro carattere tipografico? Sembra impossibile, fortunatamente l'occasione di dover dare istruzioni verbali per lettere precise è molto rara.

Accetto che questa esigenza arrivi, milioni di volte al secondo. Quando un computer carica dei caratteri digitali, queste non sono solo "immagini" delle lettere, sono istruzioni verbali molto complesse su come disegnare lettere precise. Un computer non ha idea di cosa sia una "B", per visualizzare una "B", leggi e segui le istruzioni nel carattere digitale.

Dürer non aveva un computer, ma ha avuto l'idea di descrivere come vengono disegnate le lettere dell'alfabeto romano, per capire e lavorare on their structure, using only simple terms such as square, circle and line.

L'alfabeto di 23 lettere di Dürer (J, U e W non sono usati in latino) era piuttosto elegante. Molti altri artisti hanno pubblicato alfabeti eleganti prima di lui, ciò che ha reso speciale il libro è stata l'idea eccentrica di Dürer che le istruzioni per la costruzione delle lettere dovrebbero essere completamente descritte in forma geometrica.

Il libro era illustrato con campioni di ogni lettera, ma il punto è che potresti disegnare quelle lettere da solo, in modo preciso e perfetto senza vedere le illustrazioni. Dürer aveva inventato la scienza nella tipografia. e se i risultati di questo artista non fossero così vasti, sarebbe ricordato solo per quel libro.

Le proporzioni delle lettere, se progettate insieme, richiedono un regime proporzionale di base comune a tutti, che sono le linee oi segmenti dell'altezza. Nei primi alfabeti, meno sviluppati, le lettere erano più "sciolte nello spazio", poiché solo in alcune scritture formali si preoccupava di un allineamento dettagliato e la concordanza di tutte le dimensioni, e i casi in cui erano considerati, erano resi evidenti , poiché avevano delle linee guida molto marcate sopra e sotto che facevano parte della struttura visibile, l'alfabeto quindi non era pensato per risolverlo da solo, salvo alcuni casi sempre più frequenti in cui si prediligeva l'ordine della pagina dividendo lo spazio in modo più efficiente.

I casi più avanzati, che puntano verso le minuscole, definiscono le proporzioni di tre zone; centrale, ascendente e discendente, l'altezza di ogni zona definisce molti aspetti del disegno, poiché delimitano le forme base dell'immagine totale definendo le proporzioni primarie di tutte le lettere insieme ed equilibrano, alcuni disegni più recenti si basano su specifiche proporzioni matematiche della costruzione del disegno per definire le altezze e garantire un rapporto ottimale che favorisca la lettura, molto più precisa della scrittura manuale. La riproduzione meccanica di un alfabeto moderno favorisce l'uso di proporzioni più dettagliate e l'adempimento di queste.

CAPITOLO 1

Lettering, Calligrafia e Typografia

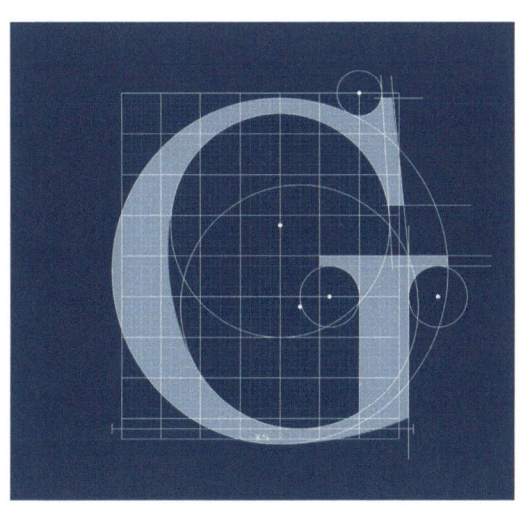

Calligrafia

l'arte di disegnare le lettere

La Calligrafia è alla base di tutto: Sia il lettering che la tipografia si basano su questo, poiché negli anni si è evoluto. In effetti, ci sono tanti stili di calligrafia quante sono le persone, poiché la loro funzione principale è esclusivamente quella di scrivere:

Nella calligrafia è la tecnica. È un'arte della mano, basata su una griglia e un alfabeto, il cui insieme di caratteri deve avere armonia, ritmo e fluidità. La calligrafia si basa su alfabeti di epoche diverse, l'alfabeto fondatore è la base della calligrafia moderna e il libro The Foundational Hand to it è il punto di partenza per chiunque voglia entrare nel mondo della calligrafia.

Una volta imparato questo alfabeto di base e la sua tecnica, puoi aggiungere tocchi della tua personalità alle lettere fino a trovare il tuo alfabeto, per renderlo totalmente unico:

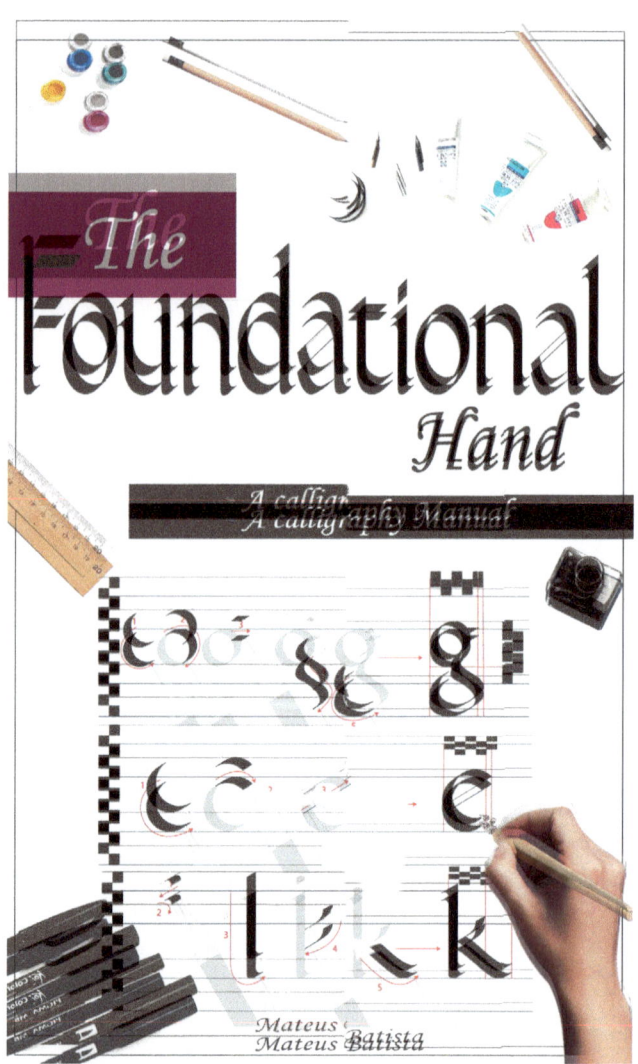

The Foundational Hand
The Foundational Hand

542 / 5000

Resultados de traducción

La calligrafia viene tradizionalmente eseguita con una penna calligrafica e qualsiasi inchiostro (in inchiostro nero o acquerelli). Tutto è completamente diverso, non importa quanto si cerchi di imitare, è facile vedere quando è calligrafia e quando non lo è.

Noterai che ogni lettera è unica. È bello scrivere a mano, che mai e poi mai uscirà da lettere completamente uguali. Questo è ciò che gli conferisce il suo tocco e la sua personalità distintivi.

Un'altra caratteristica è il contrasto delle lettere che appare naturalmente a causa di una penna larga.

The Foundational Hand, è un'ottima guida alla calligrafia iniziale per iniziare. Prima di iniziare nel lettering, è di fondamentale importanza una rapida introduzione al mondo della calligrafia. Il libro è tradotto in diverse lingue e disponibile su Amazon:

Práctica d ela caligrafía

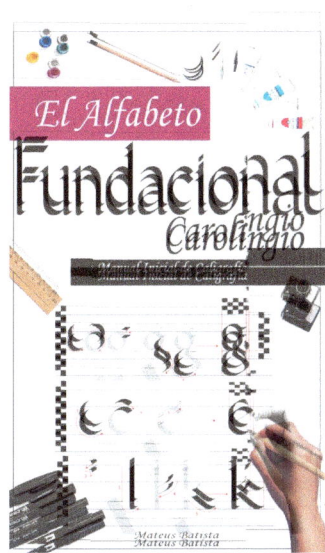
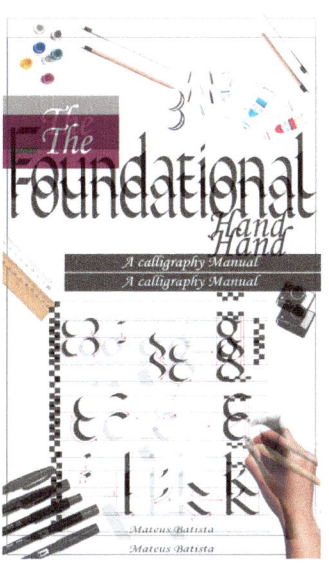
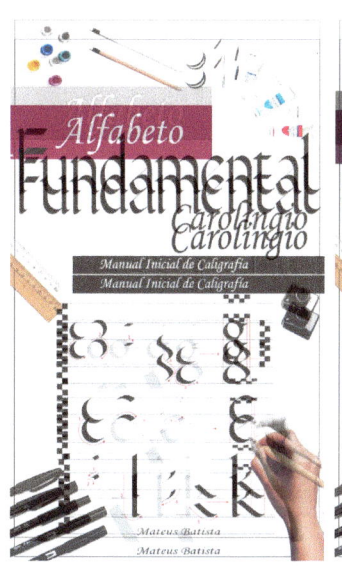
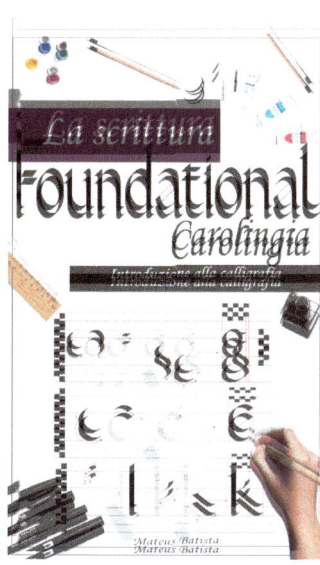

Tipografia

L'arte di stampare lettere

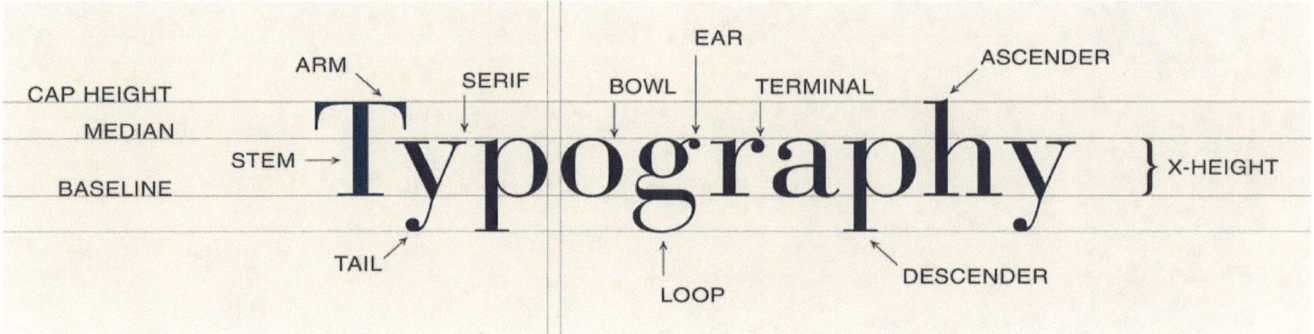

La tipografia è un set di caratteri con un design studiato e studiato appositamente per essere programmato e utilizzato in un altro computer. Non è possibile realizzare una tipografia a mano.

Quindi, qualunque cosa installi nel tuo computer, è una tipografia. Oggi, data la moltitudine di caratteri tipografici esistenti, ce ne sono molti che cercano di imitare la calligrafia e il lettering. Ma mai allo stesso modo. La tipografia avrà sempre questa imperfezione che può essere ottenuta con altre tecniche.

Se vuoi una calligrafia o un vero lettering, sceglilo, perché ha la magia e l'imperfezione che non trova in una tipografia che cerca di imitarli. Quando ti trovi di fronte a una scritta o una calligrafia originale o una tipografia, guarda le lettere che si ripetono. Se sono completamente uguali, sei di fronte a una tipografia.

Ti esorto a diventare enfatico dal mio mism a raccogliere una visione di tutte le lettere che trovi nella tua giornata per vedere se sei in grado di differenziarle.

Lettering
l'arte di disegnare lettere

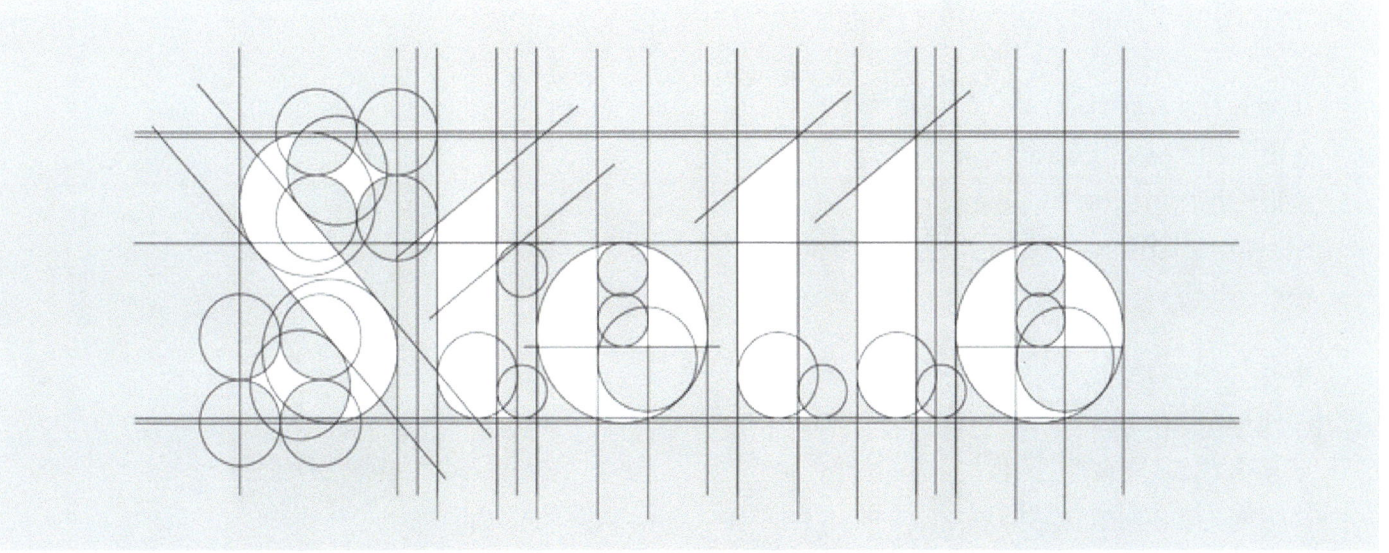

Quando la calligrafia va oltre, e invece di scrivere, intende dare, decorare, creare forme con la lettera, passare la calligrafia al lettering. Il lettering è l'arte di disegnare lettere.

Nel momento in cui ti "deformi", la cosa più grande, cambi la forma di una lettera in modo che ti renda più bella in relazione al resto (ad esempio, intrecciati portiamo discendenti, molte volte l'ascendente della lettera L in modo da non scandalizzare altre lettere, ecc.).

Il campo dei caratteri è molto più soggettivo e personale della calligrafia, quindi qui, davvero, ognuno dovrebbe dare il suo stile alle sue lettere. Proprio come con la calligrafia, nel lettering anche fuori dalle lettere uguali. Certo, se provi a variare la forma delle lettere, nel caso vengano ripetute molto spesso, in modo da poter vedere chiaramente che sono vicine.

Il lettering può essere fatto con qualsiasi materiale di scrittura. Dai pennelli con acquerelli, etichettatrici, matite, boligrafi e persino digitalizzandoli con Adobe Illustrator.

Con Righello
e Compasso

In questo lavoro ci avvicineremo a una lettring diversa dal solito; approfondiremo linee e regole matematiche per disegnare lettere per poster o segni.

Il designer dovrebbe studiare le proporzioni dei componenti dei segni, in particolare il rapporto tra larghezza e altezza, le larghezze delle lettere maiuscole, il rapporto tra le altezze delle lettere maiuscole, minuscole, la posizione della vita dei segni.

Conviene analizzare le relazioni strutturali tra maiuscolo, tra minuscolo e tra minuscolo e maiuscolo, e studiare il tipo di curve, la loro anatomia, la presenza di simmetria ei gradi di sintesi.

Con un righello e un compasso è possibile disegnare tutte le lettere di quest'opera. Ogni foglio è perfettamente ricalcato con i punti cardinali.

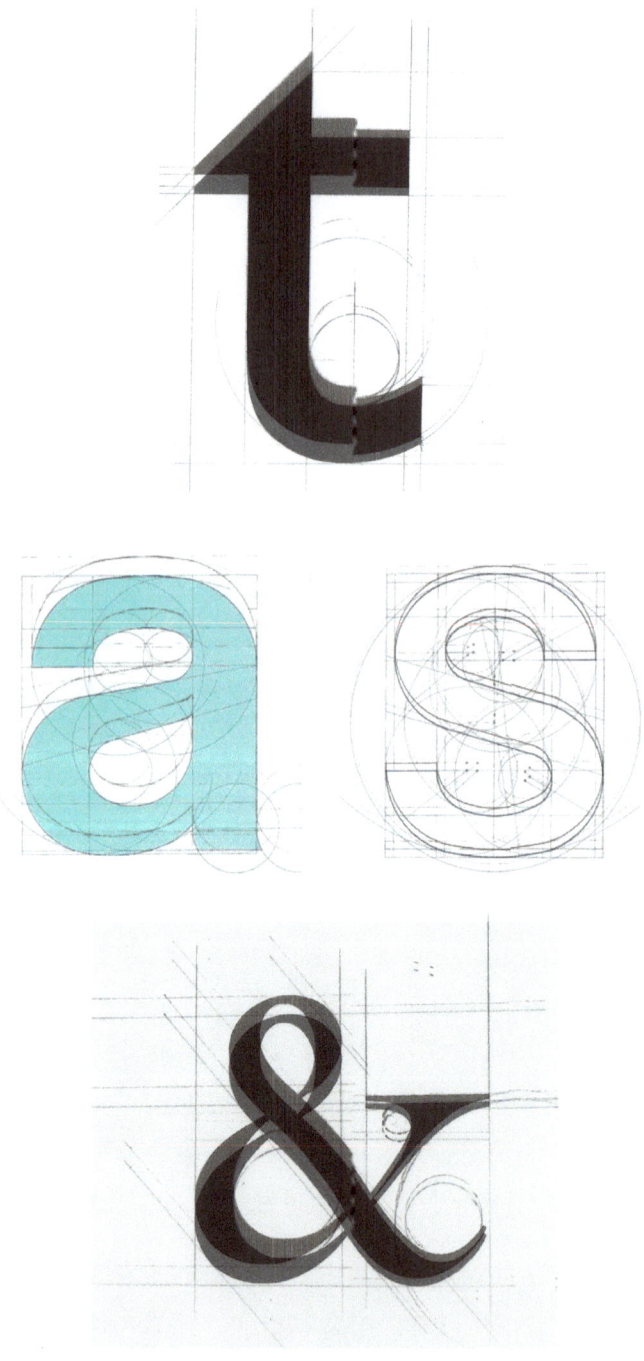

CAPITOLO 2

Anatomia della Lettera

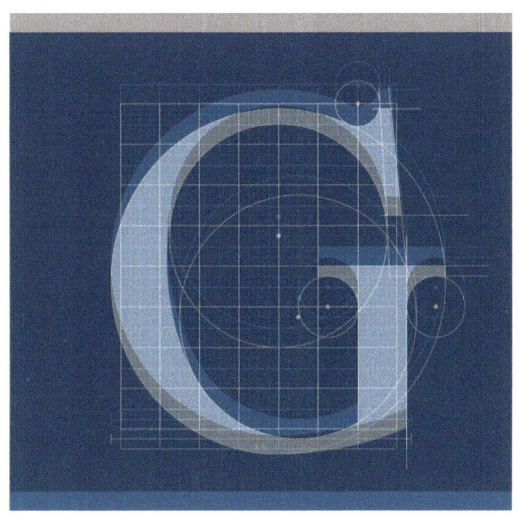

Anatomia della Lettera

Per definire in modo chiaro e preciso una lettera, in essa si distinguono diverse parti, i cui nomi sono talvolta simili a quelli dell'anatomia umana.

Dopo aver consolidato i sistemi di lettere maiuscole e minuscole, le modifiche nella forma delle lettere sono state di ordine pratico o di moda, ma la struttura di ogni gruppo di segni è stata preservata nel tempo. Sebbene le differenze strutturali tra i due sistemi siano ampie e note, è possibile stabilire alcune relazioni:

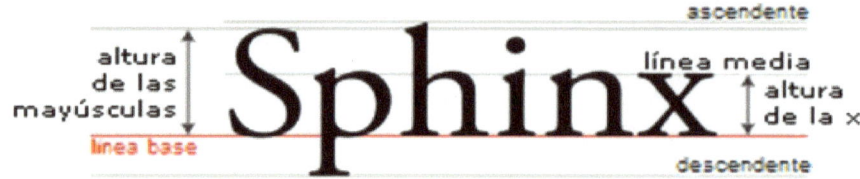

Linea di base

È la linea orizzontale immaginaria su cui poggiano quasi tutte le lettere.

Non tutti seguono i seguenti criteri per quanto riguarda la linea di base:

• Le lettere maiuscole si trovano appena sopra la linea di base. Le eccezioni più comuni compaiono nelle lettere J e Q dove una coda supera la linea di base.

• Segni di punteggiatura e caratteri speciali sono supportati dalla linea di base ad eccezione di "¿¡,;", anche i numeri 3 4 5 7 9 tendono a scendere lungo la linea.

• Le minuscole si trovano anche in esso: g j p q e che hai corna che superano anche la linea di base e sono chiamate: corna discendenti.

• I caratteri che hanno tratti arrotondati nella parte inferiore (0 3 5 6 8 c C G J o O Q U) tendono ad estendersi leggermente sopra la linea di base per creare l'illusione ottica di trovarsi appena sopra di essa, circa l'1,5%.

La distanza verticale tra due linee di base consecutive in un paragrafo è chiamata altezza della linea, sebbene questo termine possa essere applicato anche alla distanza tra le linee di base meno la dimensione del carattere.

Altezza delle capitale

È l'altezza delle lettere maiuscole o maiuscole; è misurato dalla linea di base all'inizio del carattere maiuscolo.

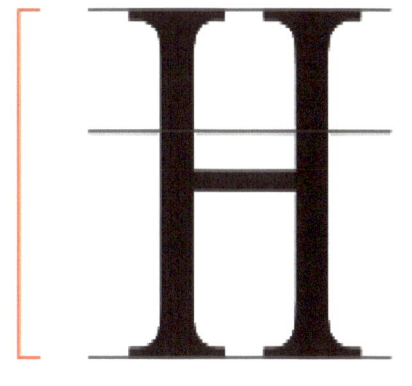

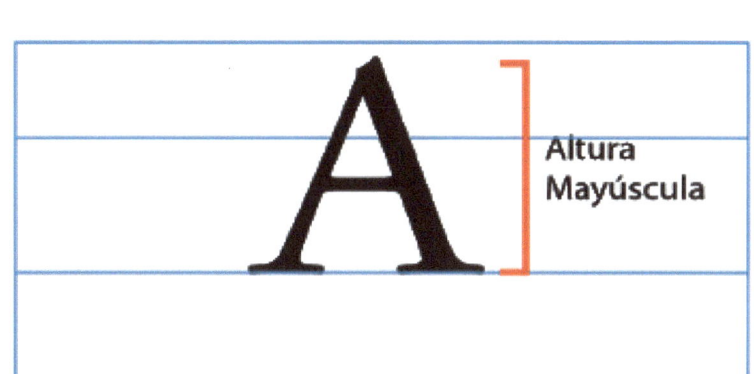

Altezza x

x -altezza o dimensione del corpo si riferisce alla distanza tra la linea di base e la linea mediana. Generalmente era l'altezza del tipo corrispondente alla lettera minuscola x, (da cui deriva il termine) e anche delle u, v, w e z. Le lettere arrotondate come a, c, e, m, n, o, r e s tendono a superare leggermente l'altezza della x. Nella tipografia moderna è un mero parametro di progettazione, sebbene la x sia solitamente quell'altezza, ma negli stili di calligrafia manuale o decorativa questo non è sempre

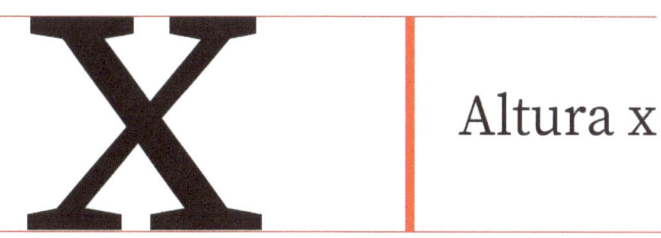

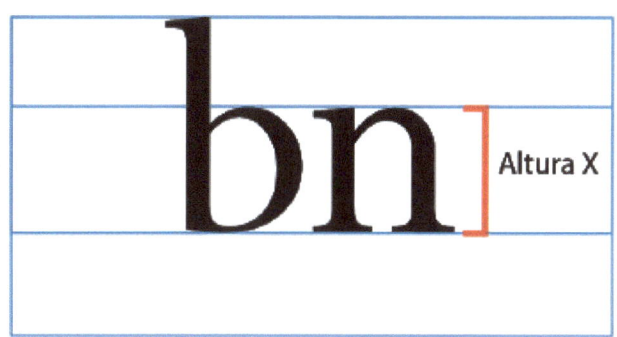

Ascendenti e discendenti hanno un ruolo importante quando si tratta di riconoscere i caratteri e fissare l'immagine della parola, e grazie a loro possiamo distinguere una forma dall'altra, come la h dal n.

Sembra quindi che un'altezza x piccola aumenti lo spazio bianco tra le righe ed enfatizzi l'immagine della riga di testo, mentre un'altezza x troppo grande può ostacolare la velocità di lettura in quanto unifica l'immagine della riga. Ma ci sono studi che concludono che i tipi con un'altezza grande ma moderata della x sono generalmente più leggibili in corpi piccoli rispetto ad altri. Sembra che aumentando l'altezza della x aumenti la leggibilità come se fosse un tipo di corpo più grande. Così accade che caratteri differenti possano avere una leggibilità simile se presentati con la stessa altezza di x.

Storicamente la necessità economica porta a cercare di inserire più caratteri su una riga e più righe su una pagina. Dagli scribi con l'uso della scrittura gotica, passando per il tipografo che deve ridurre i costi e realizzare libri portabili ai web designer che cercano di inserire il massimo contenuto sullo schermo per evitare di doverlo modificare.

Gli antichi calligrafi furono i pionieri nell'iniziare a modificare l'altezza della x per salvare il testo. Tra il 1557 e il 1559 hanno tagliato il tipo Philisophie Romaine che aveva l'altezza della x leggermente maggiore del tipo Garamond comune all'epoca. In questo modo, è stato possibile comporre testi in corpi più piccoli che erano leggibili come quelli di altri caratteri composti in corpi più grandi.

I caratteri con un'altezza x grande rispetto al corpo hanno ascendenti e discendenti brevi. Con un righello uguale alla dimensione del corpo, il testo ha un aspetto pesante, dà un grigio troppo scuro, manca di bianco. D'altra parte, i caratteri con un'altezza x piccola, con ascendenti e discendenti lunghi danno un grigio molto più chiaro. Per compensare questo effetto, i caratteri con altezza x grande devono aumentare l'interlinea, il che annulla parzialmente il risparmio di spazio ottenuto aumentando l'altezza x.

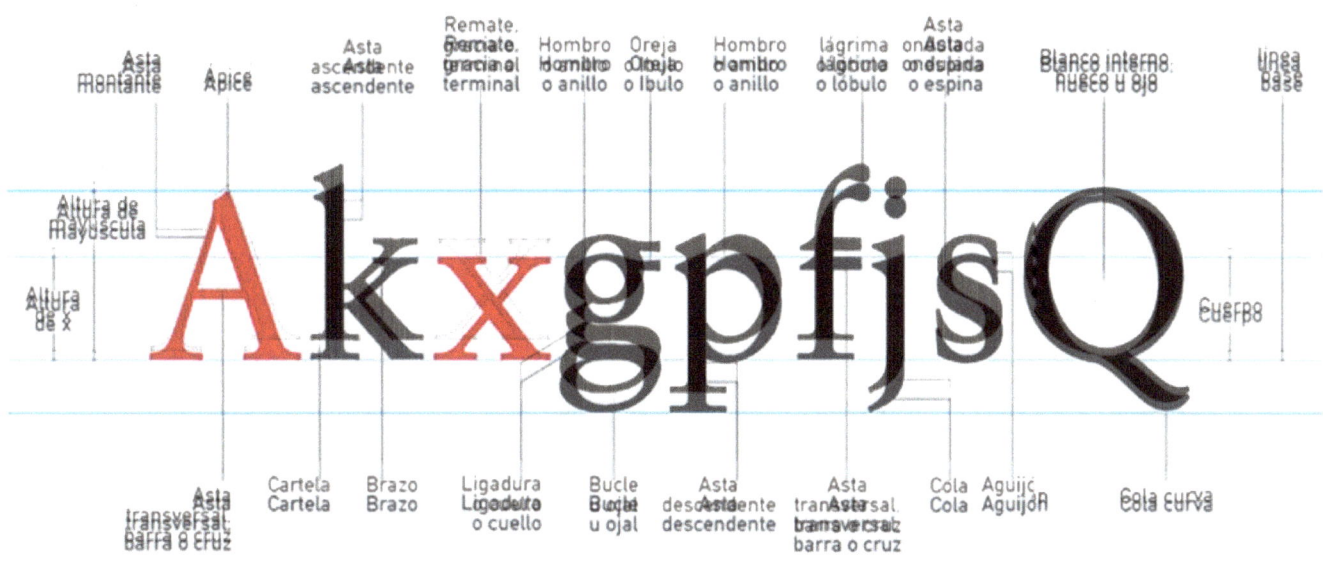

L'uso che verrà fatto di un carattere tipografico o di un tipo segnerà le proporzioni dei suoi caratteri. Per un carattere di testo, gli antenati devono essere abbastanza grandi, anche più alti dell'altezza delle lettere maiuscole, per consentire di distinguere facilmente un carattere da un altro.

Un'altezza della x troppo piccola potrebbe non essere appropriata per un carattere tipografico di testo, ma per un titolo potrebbe essere una decisione saggia.

Nelle versioni fine e nera dello stesso tipo, l'altezza della x del nero deve essere maggiore di quella della multa, perché se sono uguali la versione nera apparirà otticamente più piccola della multa quando sono combinate in la stessa riga di testo.

Le lettere maiuscole la cui altezza è maggiore dell'altezza di x perché hanno tratti discendenti che superano la linea di base sono y, g, q e p, hanno code più basse o hanno ascendenti che superano l'altezza di x come l, k , b y d, lettere della coda superiore. La relazione tra l'altezza della x e l'altezza del corpo è una delle caratteristiche principali che definisce l'aspetto di un carattere tipografico.

Questa distanza determina la dimensione (corpo) della lettera.

Molti sono i vocaboli utilizzati per definire le parti anatomiche delle lettere.

Le aste sono gli elementi essenziali al carattere, poiché senza di esse la lettera non esisterebbe. Infatti le aste, con la loro combinazione convenzionale di linee, costituiscono la forma delle lettere e quindi si può dire che le lettere sono formate fondamentalmente da linee:

rette: E F H I L T i l

spezzate: A K M N V W X Y Z k v w x y z 1 4 7 1 4 7

curve: C O Q S c o s 0 3 6 8 9 0 3 6 8 9

miste: B D G J P R U a b d e f g h j m n p q r t u 2 5 2 5

Le aste rette possono essere:

– Aste verticali: sono così chiamate propriamente solo quelle delle lettere maiuscole.

– Aste medie – aste ascendenti – aste discendenti: sono così chiamate quelle delle lettere e numeri minuscoli indicando la loro posizione nello sviluppo verticale delle lettere stesse.

– Aste montanti (salienti o discendenti): sono quelle che non sono disposte perpendicolarmente alla linea di base.

– Aste traversali o barre: sono quelle che uniscono direttamente fra loro le aste verticali o le montanti.

– Aste traversali ad incrocio: sono quelle che troviamo nelle lettere minuscole (f) e (t) e nella cifra (4 4).

– Aste traversali spezzate: sono quelle che troviamo nelle lettere (M), (W) e (w).

– Aste oblique o spine rette: sono quelle che troviamo nelle lettere (N), (X), (Z), (x) e (z).

Si deve fare una distinzione tra i vari spessori delle aste: il filetto, per esempio, è un'asta di spessore minimo.

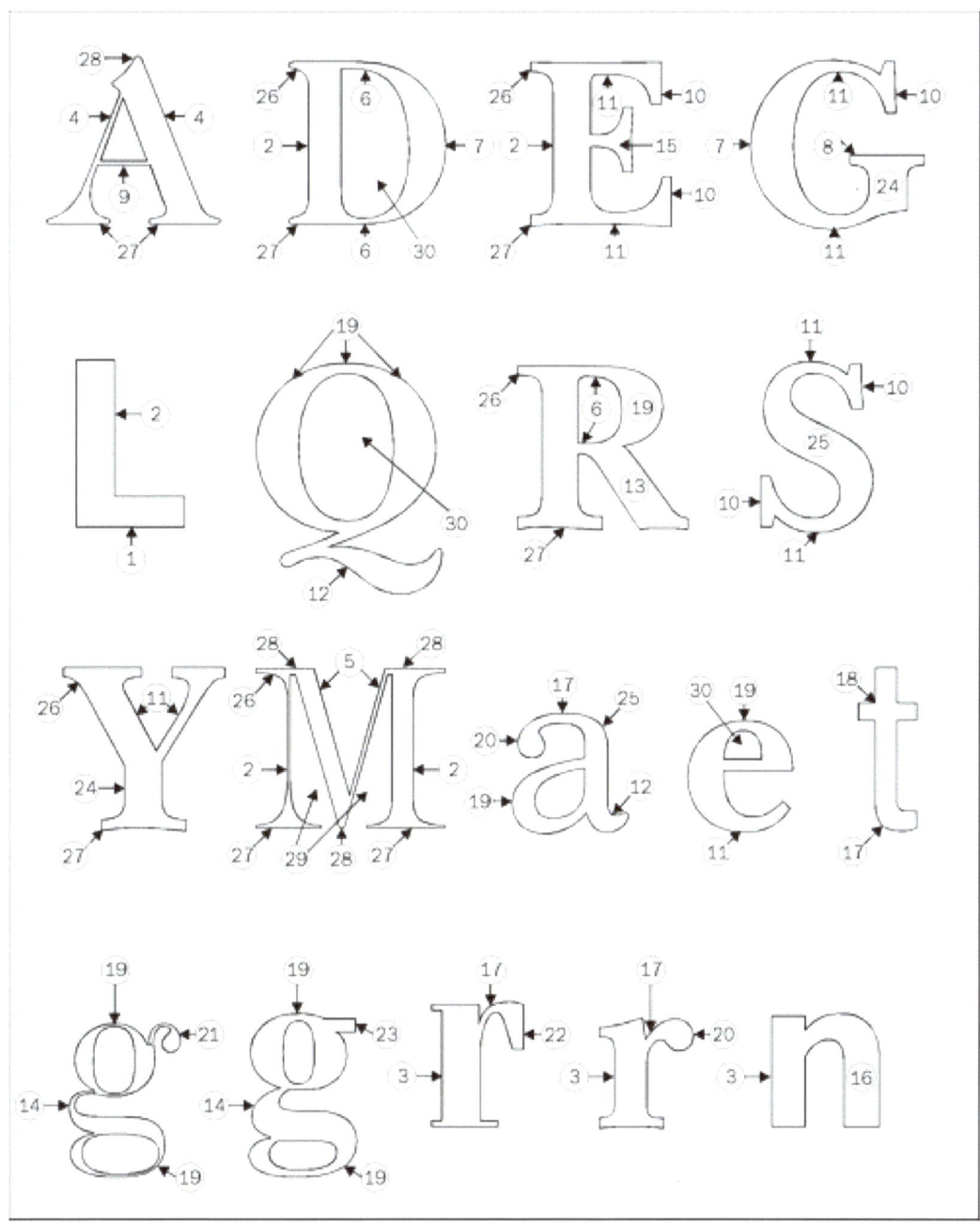

(1) Aste orizzontali – (2) Aste verticali – (3) Aste medie – (4) Aste montanti – (5) Aste traversali spezzate – Aste oblique (spine rette) – (6) Aste di congiunzione – (7) Archi – (8) Ardiglioni – (9) Barre e Aste traversali – (10) Becchi o rostri – (11) Bracci – (12) Code curve – (13) Code rette – (14) Colli – (15) Cravatte – (16) Gambe – (17) Ganci ad uncino- (18) Incroci traversali – (19) Occhielli – Anelli – Rilievo – (20) Orecchi a bottone – (21) Orecchi a goccia – (22) Orecchi a becco o uncino – (23) Orecchi a bandiera – (24) Pilastrini o speroni – (25) Spine curve o dorso – (26) Tratti terminali di testa – (27) Tratti terminali di piede – (28) Vertici superiori, inferiori e mediano – (29) Biforcazioni – (30) Spazio chiuso"

Le aste curve si possono distinguere in:

Archi: sono le aste curve aperte presenti nelle seguenti lettere e cifre:
(C = D = G = U = c = e = h = m = n = u = 2 = 2 = 3 = 3 = 5 = 5 = 6 = 9 = 9).

Anelli o occhielli: sono le aste curve chiuse presenti nelle seguenti lettere e cifre: (B = O = P = Q = R = a – b – d – e – o – p – q – & – 0 – 6 – 8 – 9); come pure in quasi tutti i caratteri di stile Calligrafico inglese.

Spine curve: sono le aste ondulate aperte presenti nelle lettere: (S – s = a); come pure nella cifra (2 – 2). Le aste possono essere uniformi o modulate. Si dicono uniformi quando il loro spessore rimane costante; mentre sono modulate quando i loro contorni formano un'armonica e graduale variazione di spessore.

La modulazione può essere a fusello e tronca; con pieni perfetti e di massima forza (grado calligrafico) oppure con pieno nascente e morente o con una porzione digradante in filetto.

Si dà una particolare importanza all'inclinazione delle curve modulate per la determinazione dello stile di una lettera tra un Romano Antico (curva inclinata a 45°), Veneziano (curva inclinata a 30°), Transizionale, Bodoniano ed Egiziano (curva verticale).

La forma delle lettere dà luogo a un contorno interno ed esterno delle medesime; tale contorno costituisce un fattore estetico di massimo interesse

 Se poi si considera che il contorno esterno e interno nelle lettere ad asta uniforme (gran parte dei lineari) è parallelo, mentre in quelle modulate esso è continuamente variato, si può intendere la raffinata sensibilità del disegnatore attento ad ogni effetto delle tensioni e delle forme create dal fluire delle linee. Perciò è necessario determinare le aste con una nomenclatura ancora più precisa in relazione alla loro posizione e alla loro forma nelle singole lettere..

Dai più basilari come: Asta verticale, orizzontale e obliqua; Filetto, Gancio, Barra, Montanti, Braccio, Pilastrino, Orecchio, Cravatta, Collo, Archi, Vertice superiore, inferiore e mediano, Coda curva e retta, Gamba, Spine curve, Incrocio, Tratto terminale: acutiforme, curviforme, mistiforme e rettiforme; ecc. Per arrivare a denominazioni più particolareggiate come: Modulazione a fusello, Modulazione tronca, Cimasa, Becco; Terminazione a bottone, a goccia, a becco, ecc.

Per prima cosa è consigliabile imparare a riconoscere le parti del carattere. Solo così sarà poi più facile riconoscere le caratteristiche dell'alfabeto base scelte dai diversi disegnatori.

Altre denominazioni particolari:

Coda che può essere retta o curva, è l'asta pensile di alcune lettere maiuscole e minuscole: (K – Q – R – g – j – k – p – q – y) e della cifra (7).

Uncino o gancio è un particolare tipo di coda o parte di essa presente nei caratteri (J – f – j – r – t).

Bracci delle lettere sono certe porzioni terminali delle aste rette e curve aperte.

Ardiglione è il braccio che differenzia la (G) dalla (C). Pilastrino o sperone è il tratto verticale della (G); il sostegno dei bracci della (Y) e delle cifre (4 – 4) e (5 – 5).

Cravatta è l'asta orizzontale centrale della (E) e della (F).

Collo è l'attacco della coda della (g) al suo anello.

Vertice superiore, inferiore o mediano è l'unione e l'incrocio delle aste inclinate.

Aste di congiunzione sono i raccordi tra l'asta principale e gli altri elementi del carattere. Sono presenti nelle maiuscole: (B – D – P – R) e nelle minuscole: (b – d – h – m – n – p – q – u).

Tratti terminali, dette anche le grazie, sono sempre un'accentuazione stilistica dell'espressione e fisionomica e decorativa delle lettere. Essi possono essere definiti tratti di testa se posti come tratti iniziali al carattere, e tratti di piede se sono alla base di esso. Sono tratti iniziali e finali quelli dei bracci, delle cravatte e delle code definiti becchi o ganci e ardiglioni.

Le grazie di piede possono essere di diversa forma corrispondente alle classificazioni storiche dei caratteri. Possono essere: angoliformi come nelle lettere Lapidarie romana; fratti come nei Gotici; curviformi come nei caratteri del Rinascimento; digradanti come i Transizionali; estemporanei e manuali come i caratteri Scritti e Calligrafici; fregiformi come negli Ornati; contrastanti come i Bodoniani; rettiformi come gli Egizi; ibridi come le Fantasie.

CAPITOLO 3

Il Disegno Del Lettere

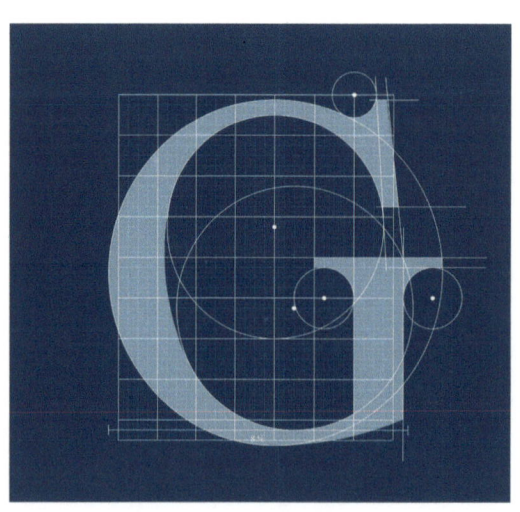

Lettera A

La lettera A ha due aste diagonali, uno spesso a destra e uno sottile a sinistra, che si trovano ad un apice che supera leggermente la linea delle lettere maiuscole, questa correzione ottica discreta è essenziale per l'equilibrio visivo della lettera quando è preceduto o seguito da altri caratteri, altrimenti darebbe l'illusione ottica di essere inferiore alle altre lettere. L'apice può terminare con una pinna terminale sinistra, come un taglio concavo o un taglio orizzontale. La barra orizzontale è ben al di sotto del centro, in modo da creare un equilibrio tra le controforme interne

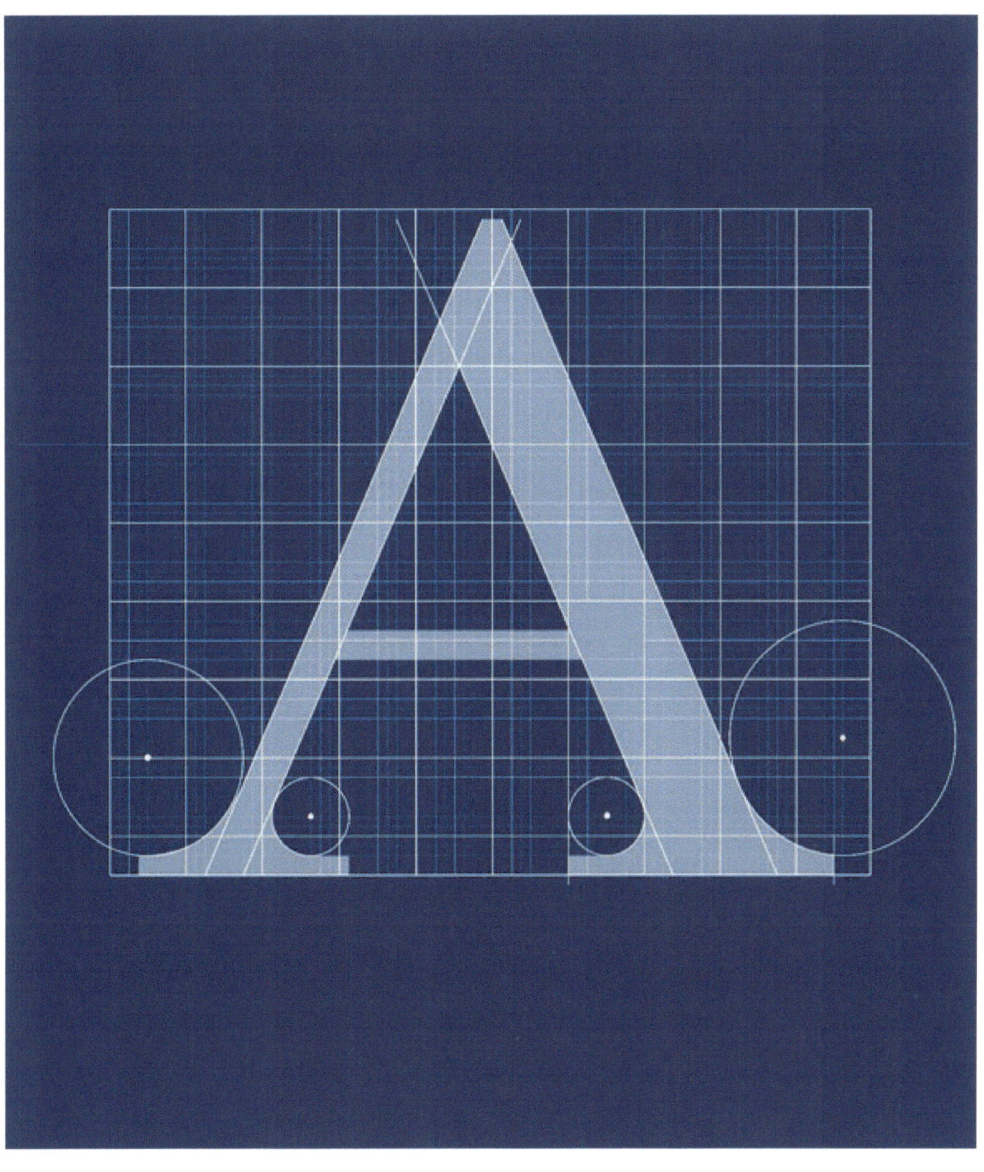

Lettera B

La lettera B condivide le caratteristiche della E e della O; il gambo è identico a quello della E, ei lobi seguono fondamentalmente le proporzioni della O. Il centro ottico è quasi uguale alla E. Come in tutte le lettere di due lobi, sebbene geometricamente uguali, quello inferiore sembra essere più grande di quello superiore. Per correggere questo effetto ottico, il lobo superiore deve essere più piccolo. Quindi anche la densità del lobo superiore deve essere inferiore a quella di quello inferiore, ma lo spessore deve essere maggiore di quello dello Stelo. Le controforme dei lobi sono talvolta identiche a D: B ed E hanno praticamente la stessa larghezza.

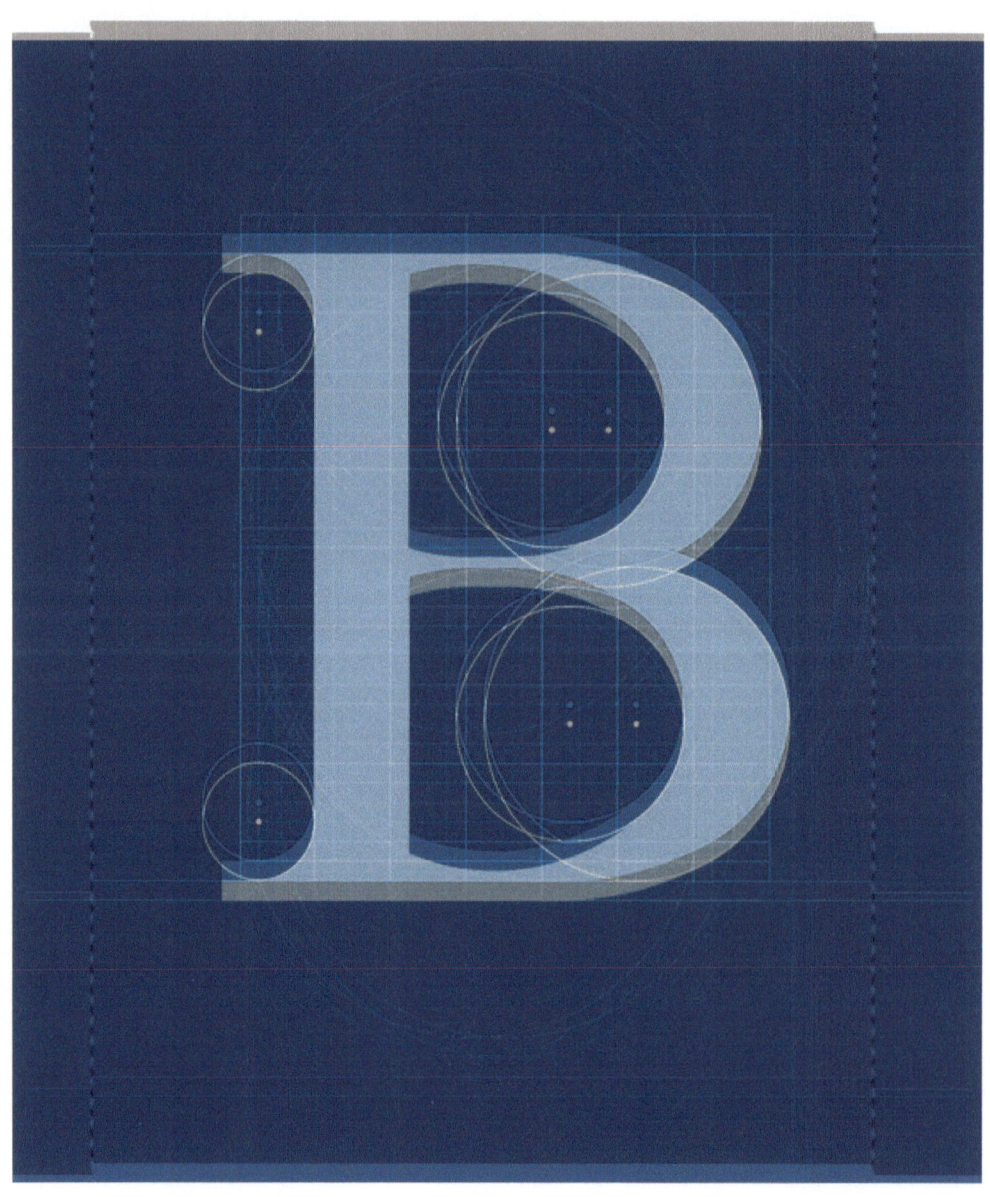

Lettera C

Per disegnare una C, prenderemo una O come riferimento e la taglieremo. Il punto di taglio è essenziale, il punto medio della corsa a destra è l'ideale, ma può essere tagliato sia a destra che a sinistra di questo punto.

Poiché il peso è stato rimosso dalla lettera, è necessario compensare un po' di quella perdita per cercare di bilanciare la tensione visiva rispetto ad altre lettere. Il peso dovrebbe essere aggiunto nella metà inferiore aggiungendo più stabilità alla linea di base e ai terminali nella parte superiore e inferiore.

L'estremità superiore deve essere maggiore dell'estremità dell'E. Poiché il peso dell'anello della C è maggiore di quello dell'asta dell'E. È possibile aggiungere un piccolo sperone con o senza tassello per aggiungere più densità alla lettera :

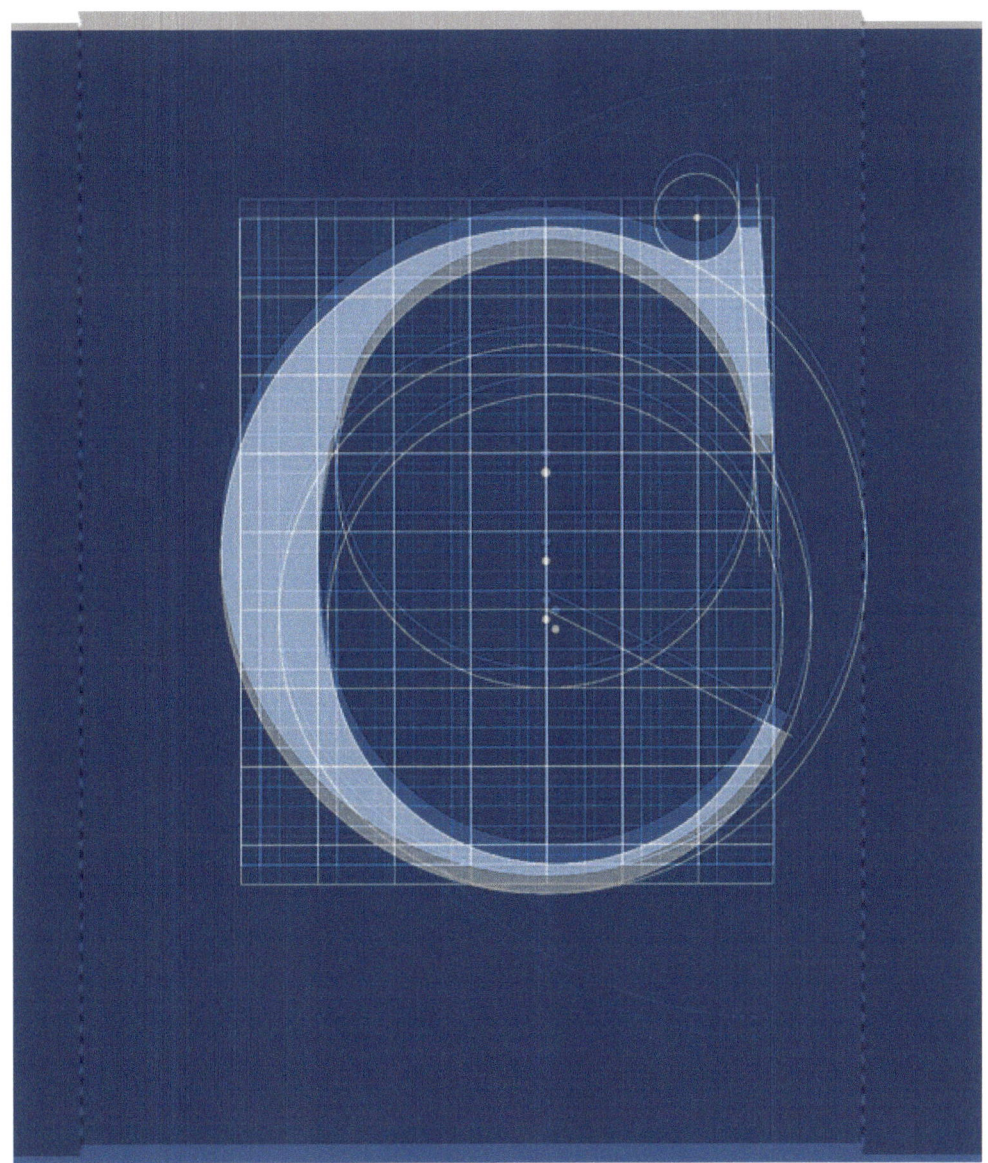

Lettera D

La lettera D è una combinazione della E con la O, l'albero è identico alla E ma l'anello non è identico alla O poiché non supera la linea di base o l'altezza delle lettere maiuscole.

La D sia nel sistema classico che in quello moderno è più stretta di O

La controforma è talvolta attaccata al pennone con una finitura che gli conferisce la forma di uno strappo. Quando l'unione è grossolana, la controforma è razionale e contrastata.

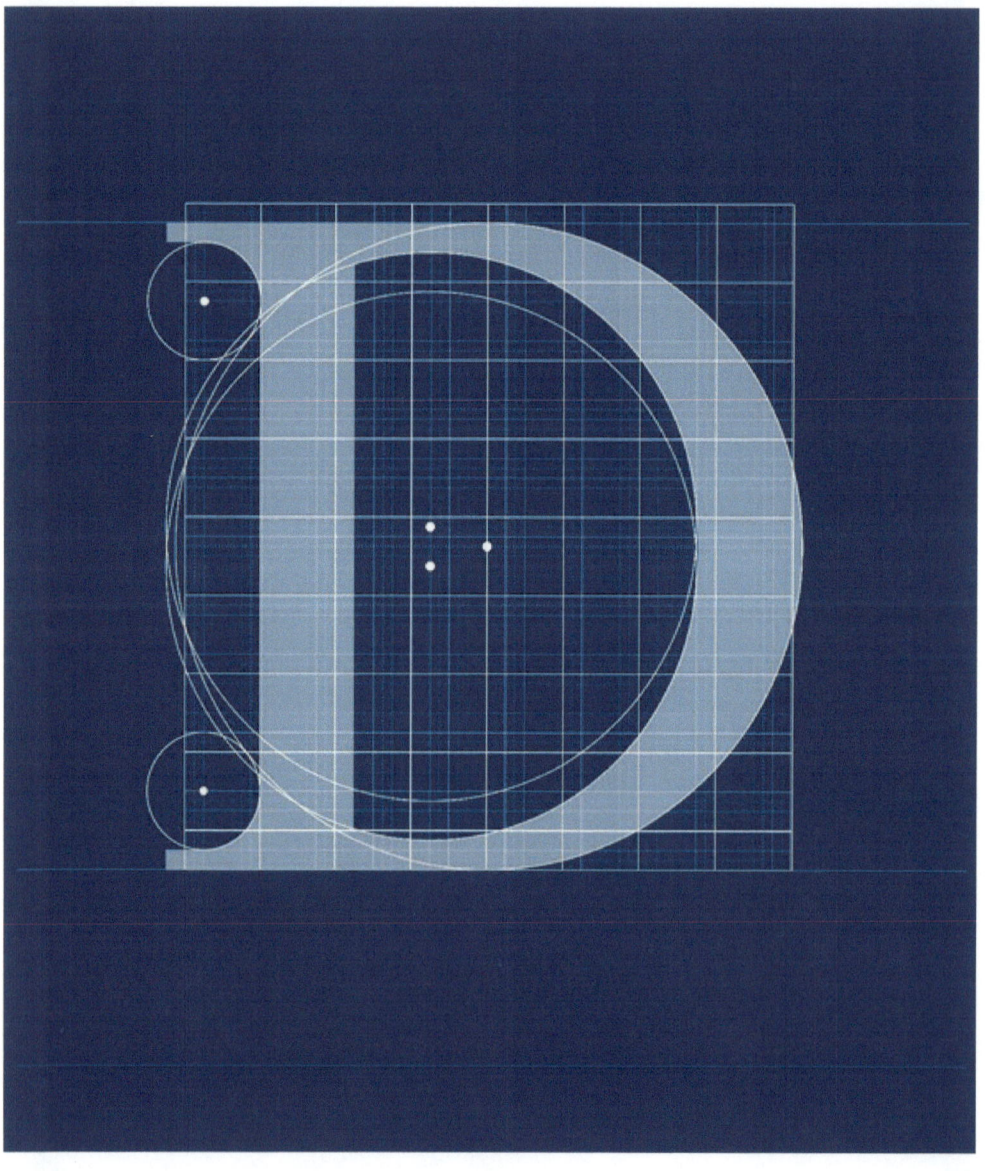

Lettera E

Nella E sono presenti molte delle caratteristiche che definiscono il font, come: il sistema proporzionale, il centro visivo, la larghezza del palo verticale, lo stile delle finiture e dei serif.

Lo stelo verticale non è largo quanto la larghezza massima dell'O ring per fornire l'equilibrio visivo.

La lunghezza delle braccia varia: il braccio centrale è più corto, il braccio inferiore è più lungo, ciò serve per evitare la sovrapposizione di questi, e per dare equilibrio nella densità delle zone della lettera.

Il centro ottico è leggermente più alto del centro geometrico e l'asta presenta due finitori a sinistra denominati finitori

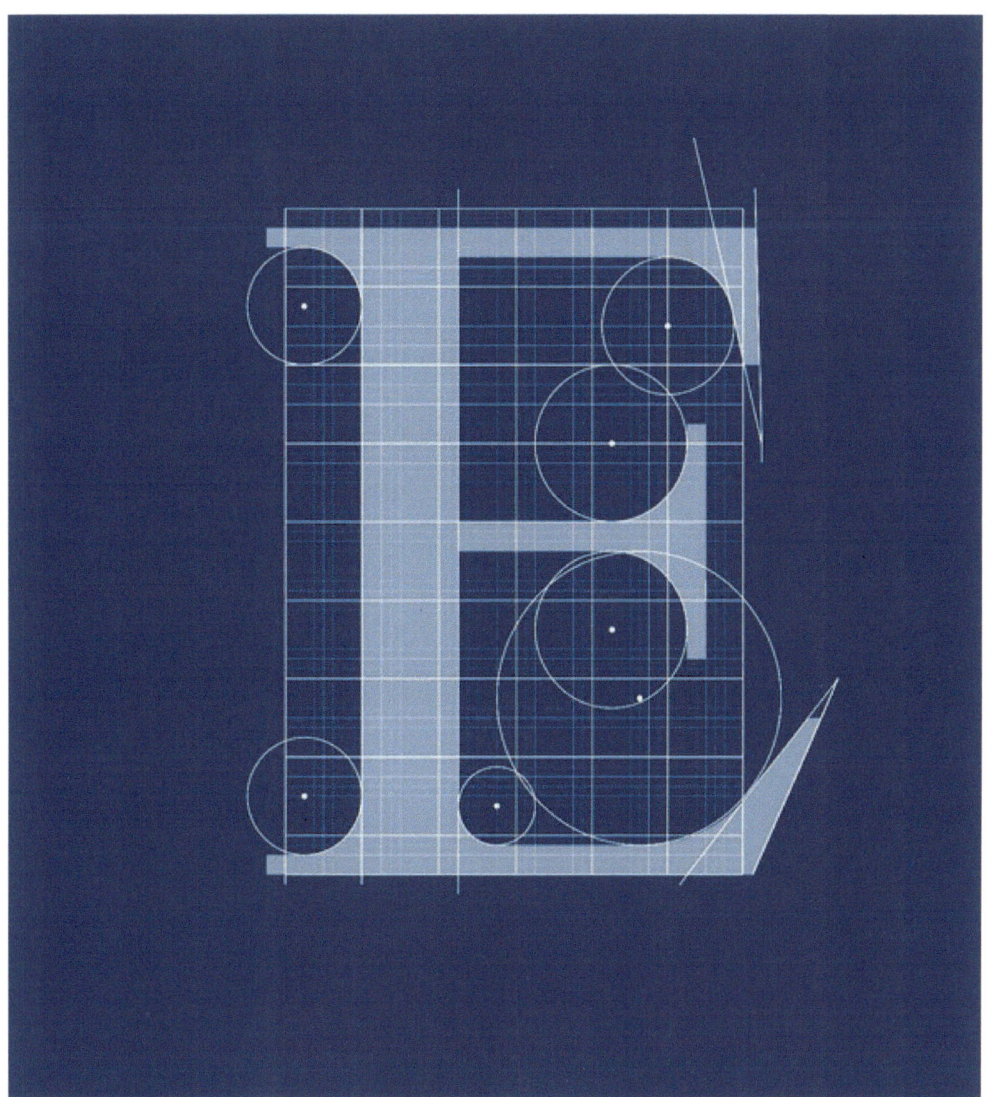

Lettera F

La larghezza senza dentellature è circa la metà dell'altezza ed è quasi come una E senza il braccio inferiore. In alcune fonti è identico a E.

Vediamo chiaramente nell'evoluzione della lettera, una forte tendenza all'aumento delle dimensioni dei terminali del bilanciere, in particolare quello della parte superiore del braccio e la perdita del terminale del braccio centrale come vediamo in alcuni caratteri egiziani:

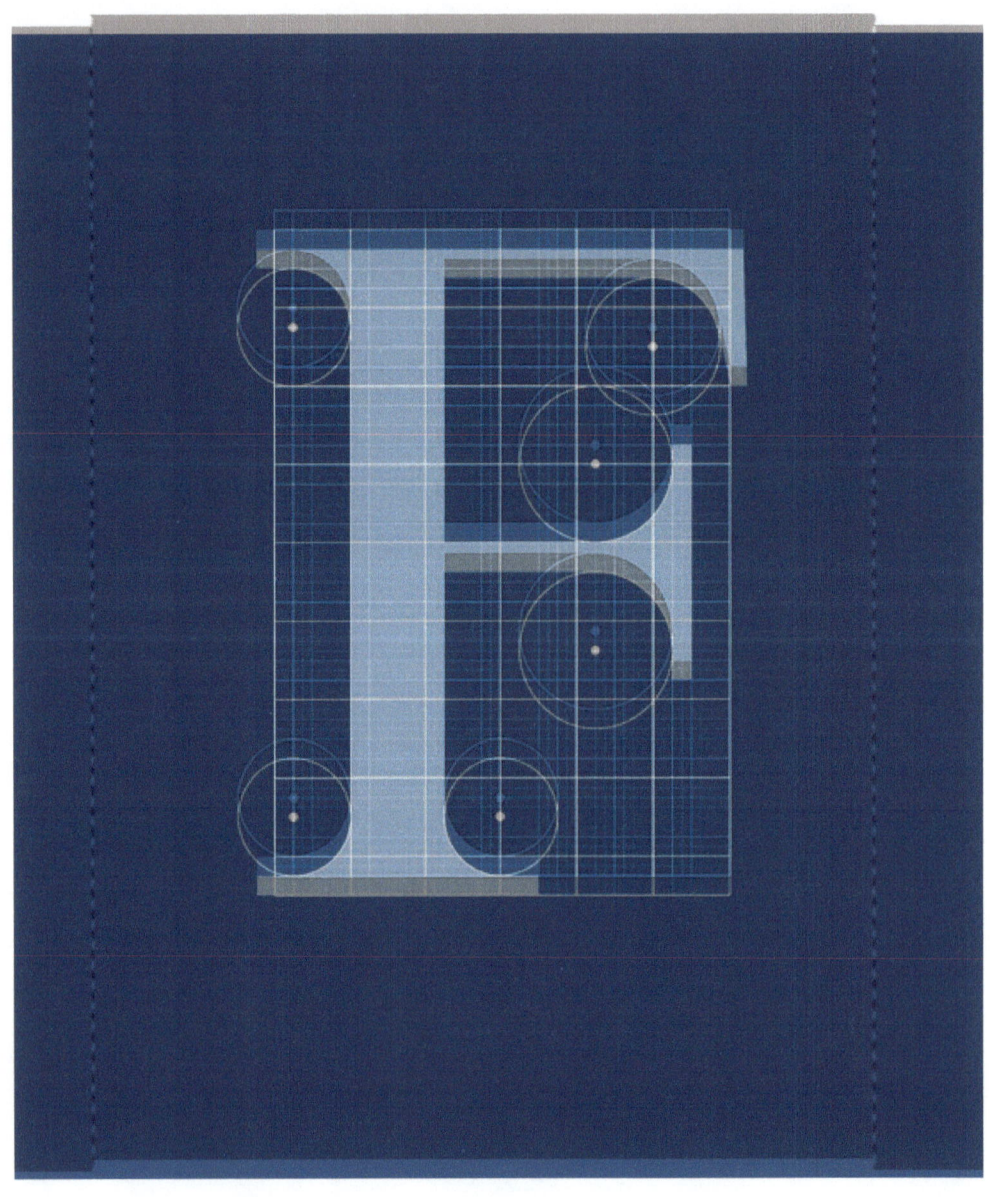

Lettera G

La lettera G assomiglia molto alla C, ma il suo anello e i serif non sono gli stessi. Poiché c'è un collo verticale sulla G che aggiunge peso. Per ridurre questa densità visiva, devi disegnare la finitura superiore in basso rispetto a C e rifinire l'anello in basso a sinistra.

Il collo dovrebbe essere disegnato sotto il centro ottico per evitare un carico visivo eccessivo, ma per una stabilità ottimale con la linea di base, questo collo può essere disegnato un po' più spesso dell'asta principale.

Il collo si allinea con il terminale superiore, ma se il taglio della lettera è fatto più a sinistra del punto medio dell'O ring, la G risultante ha un carico visivo esagerato rispetto a una C, quindi non c'è che espandere la sua controforma interna oltre il collo oltre la linea dell'asta superiore.

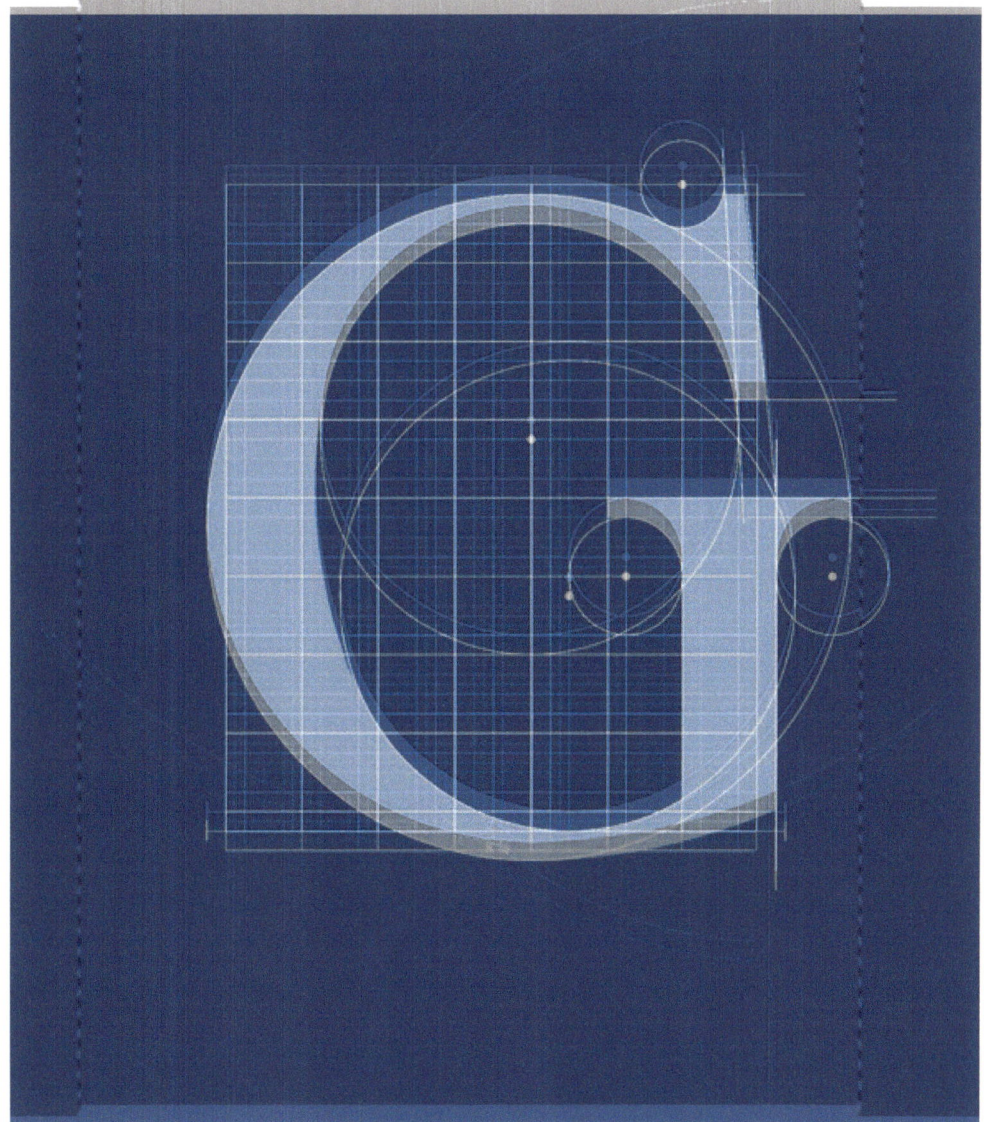

Lettera H

La larghezza senza serif è di circa ¾ dell'altezza. È costituito da due steli verticali fissati a una barra orizzontale sopra il centro geometrico, per bilanciare le controforme aperte.

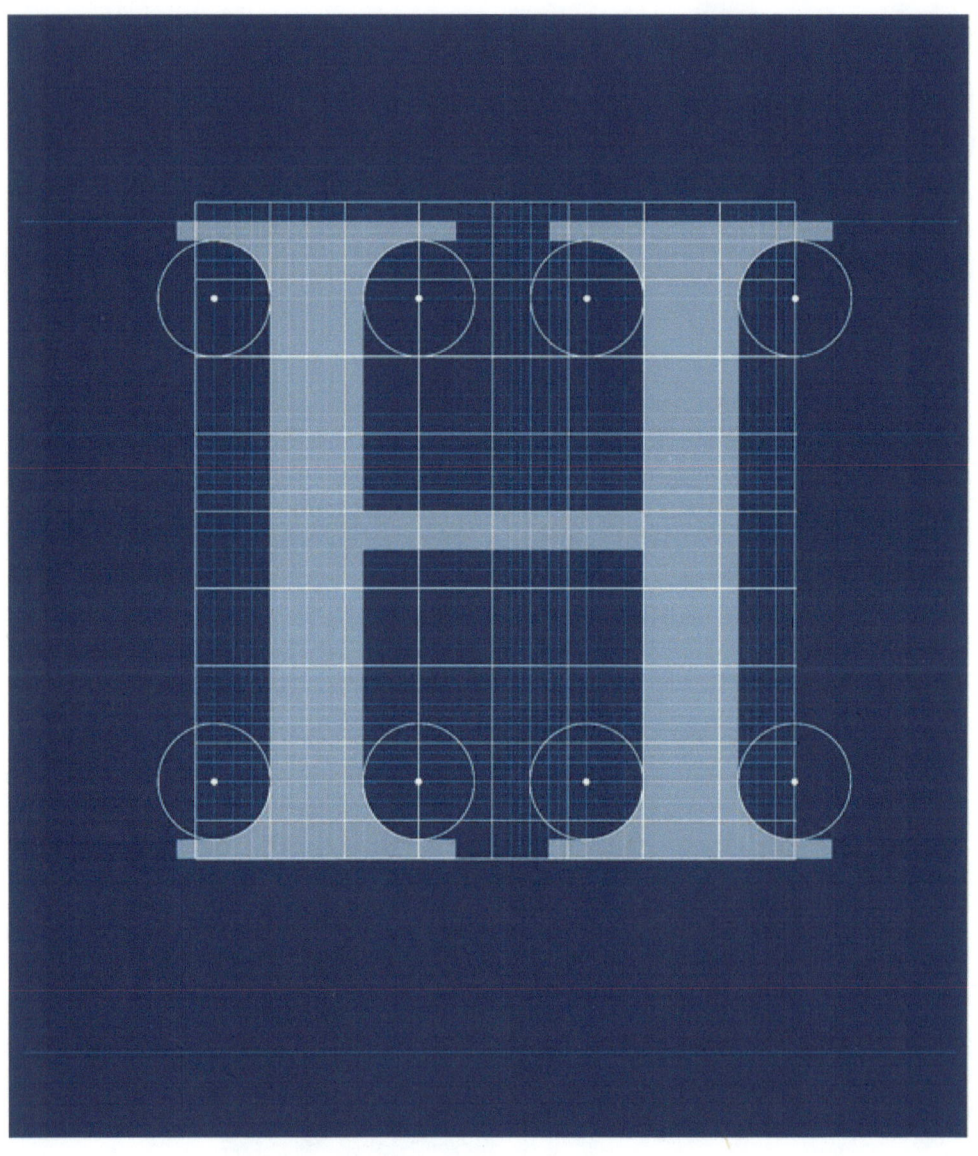

Lettera I

La I è una forma modulare di base ed è alta circa 1/8.

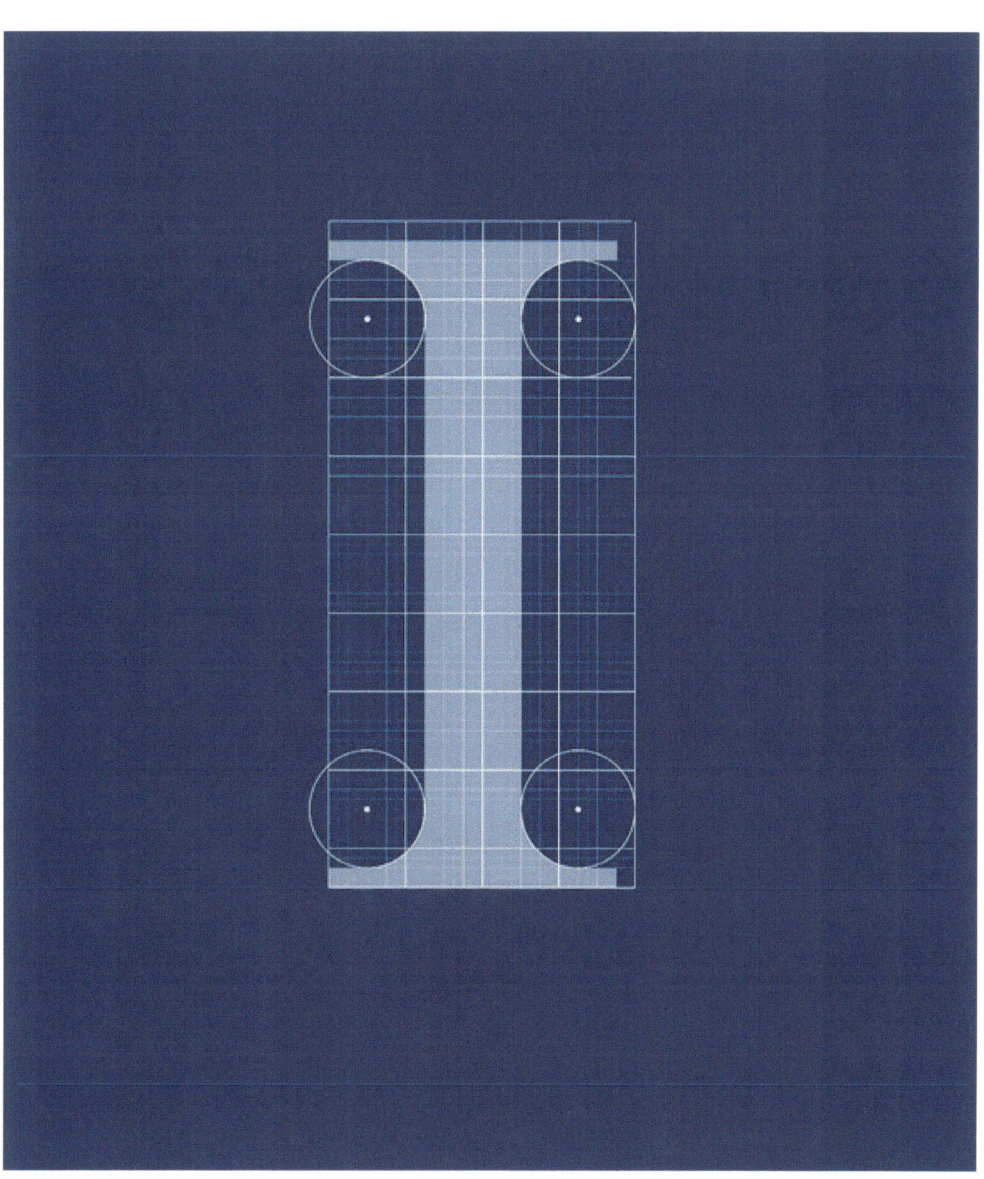

Lettera J

La J è essenzialmente una I modificata con un tratto curvo a sinistra nella parte inferiore. Non esiste una regola per il suo disegno, ma la sua forma ci mostra a quale famiglia appartiene il carattere. Se la coda ricorda tratti calligrafici, si riferisce alla famiglia classica. Se la coda ha forme arrotondate o dritte, ci ricorda quelle moderne.

In origine, nell'alfabeto latino la J era una variante calligrafica della i, cioè una "i" con coda e fu aggiunta nel Medioevo.

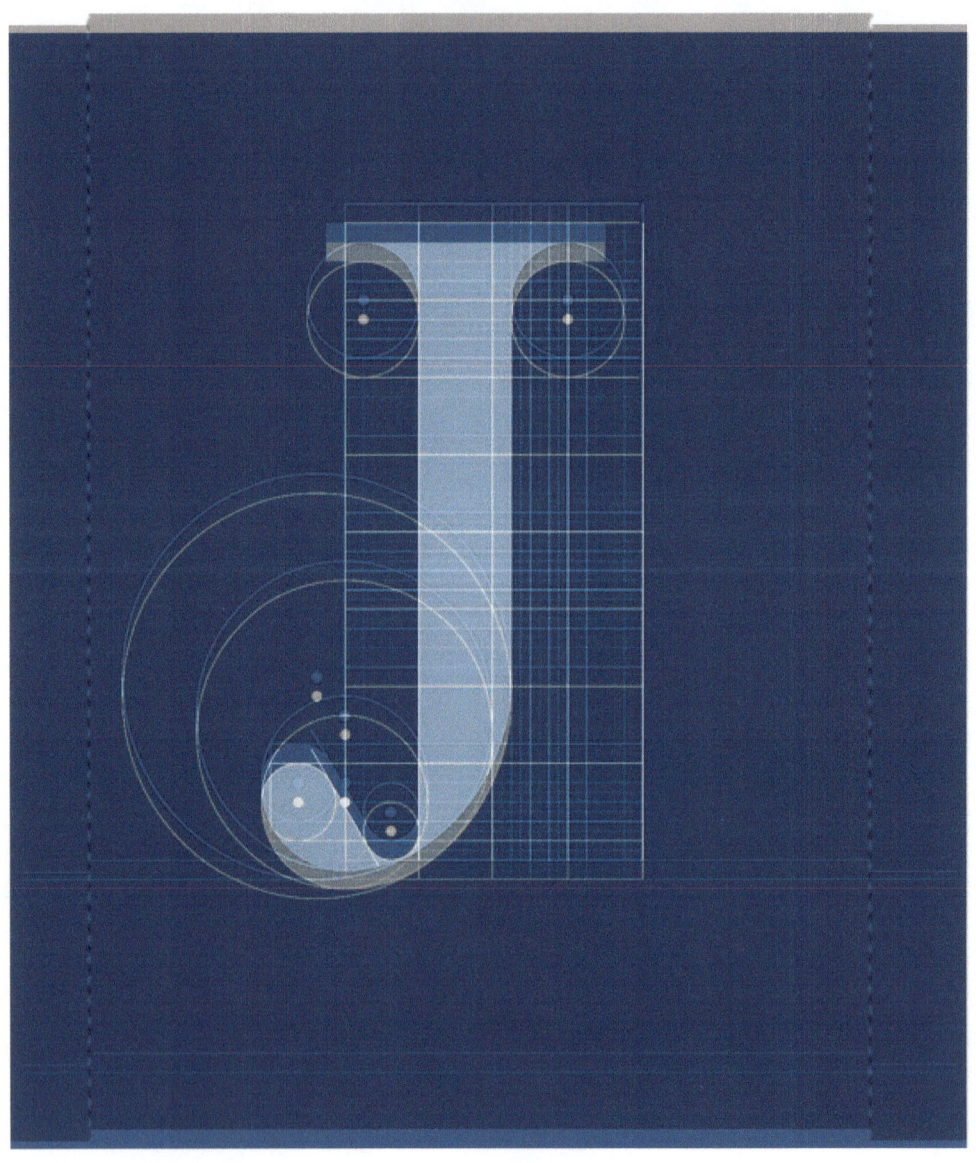

Lettera K

La larghezza senza serif è 5/8 dell'altezza: il braccio diagonale superiore inizia sotto il centro geometrico e non deve salire fino al limite di 5/8.

La parte inferiore del braccio inizia sopra il centro e si estende fino al limite della larghezza. Ciò significa che la parte superiore è inferiore alla parte inferiore come B e l'angolo di entrambe le braccia è praticamente lo stesso:

Nella famiglia umana le diagonali di solito iniziano esattamente dal centro ottico:

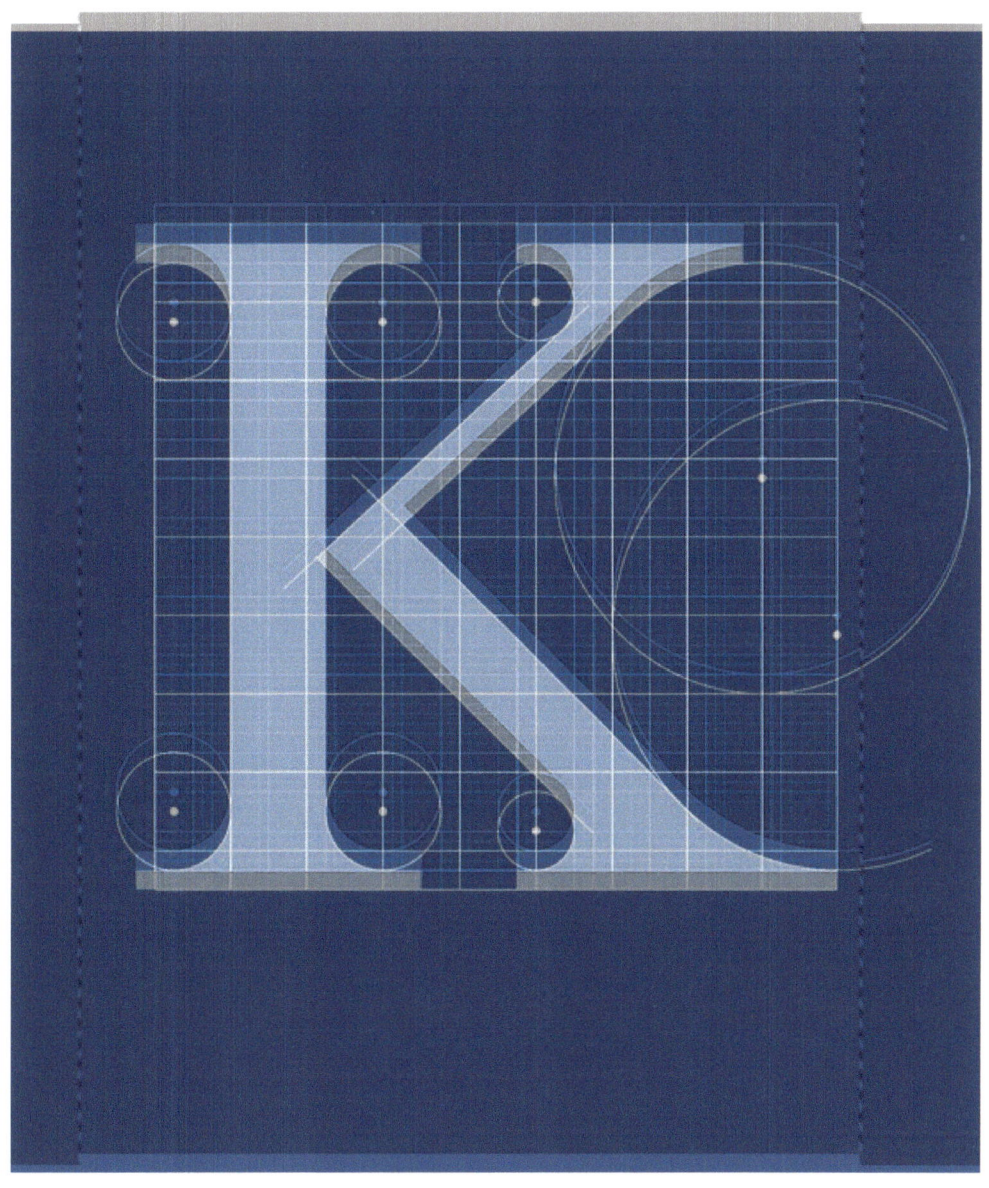

Lettera L

La larghezza è la metà dell'altezza e quasi identica a una E senza il braccio centrale e superiore. L'asta inferiore tende a crescere nelle famiglie antiche ..

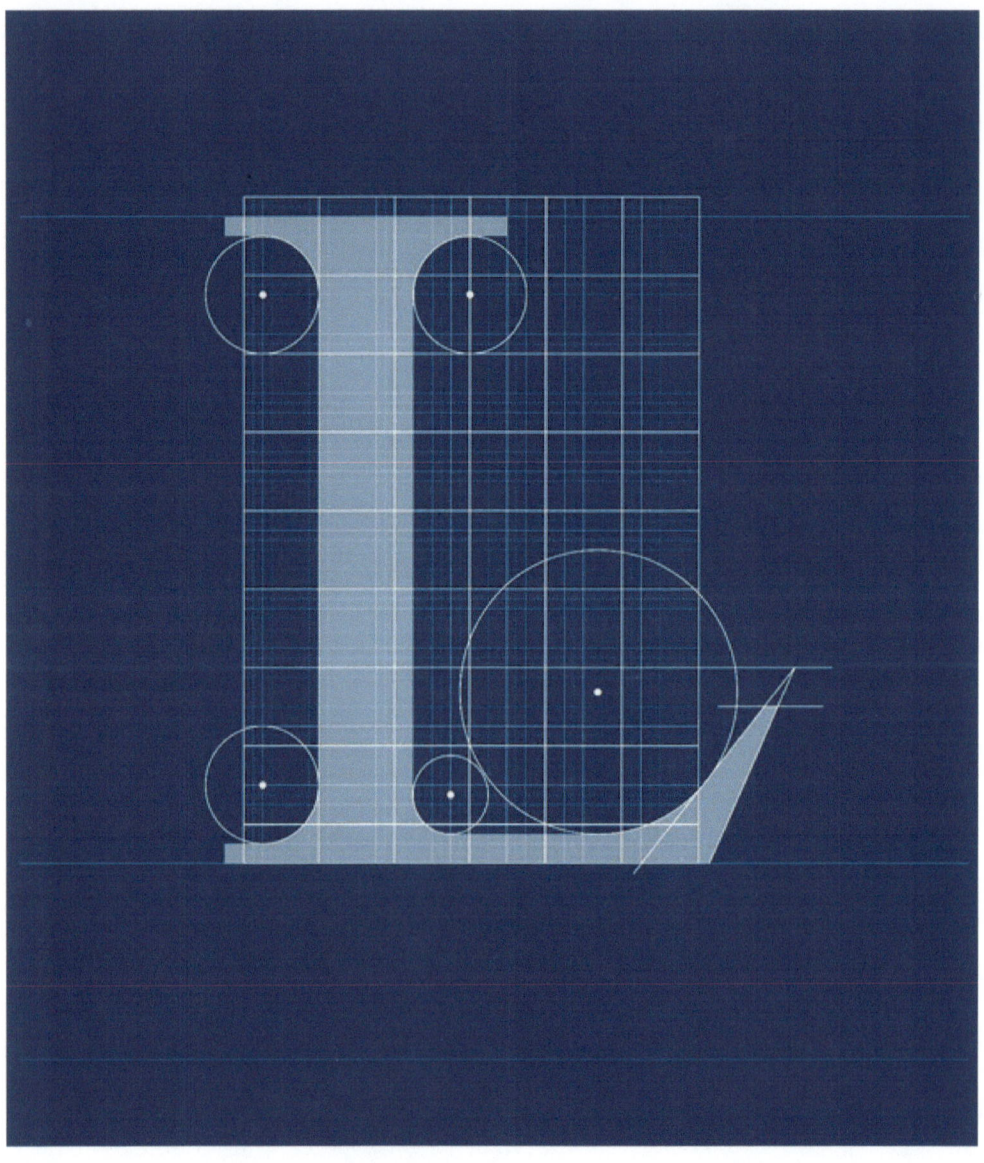

Lettera M

La larghezza è quasi uguale all'altezza. I vertici superano la linea di base, poiché l'apice della A supera la linea delle lettere maiuscole, ma ci sono casi in cui non lo fanno, come nelle lettere pesanti o in quelle meccaniche.

Gli steli nelle famiglie classiche non sono verticali, hanno una leggera inclinazione verso l'interno, in quelle moderne non c'è quasi nessuna inclinazione, sono generalmente steli verticali con finiture di finitura verso l'esterno in alto.

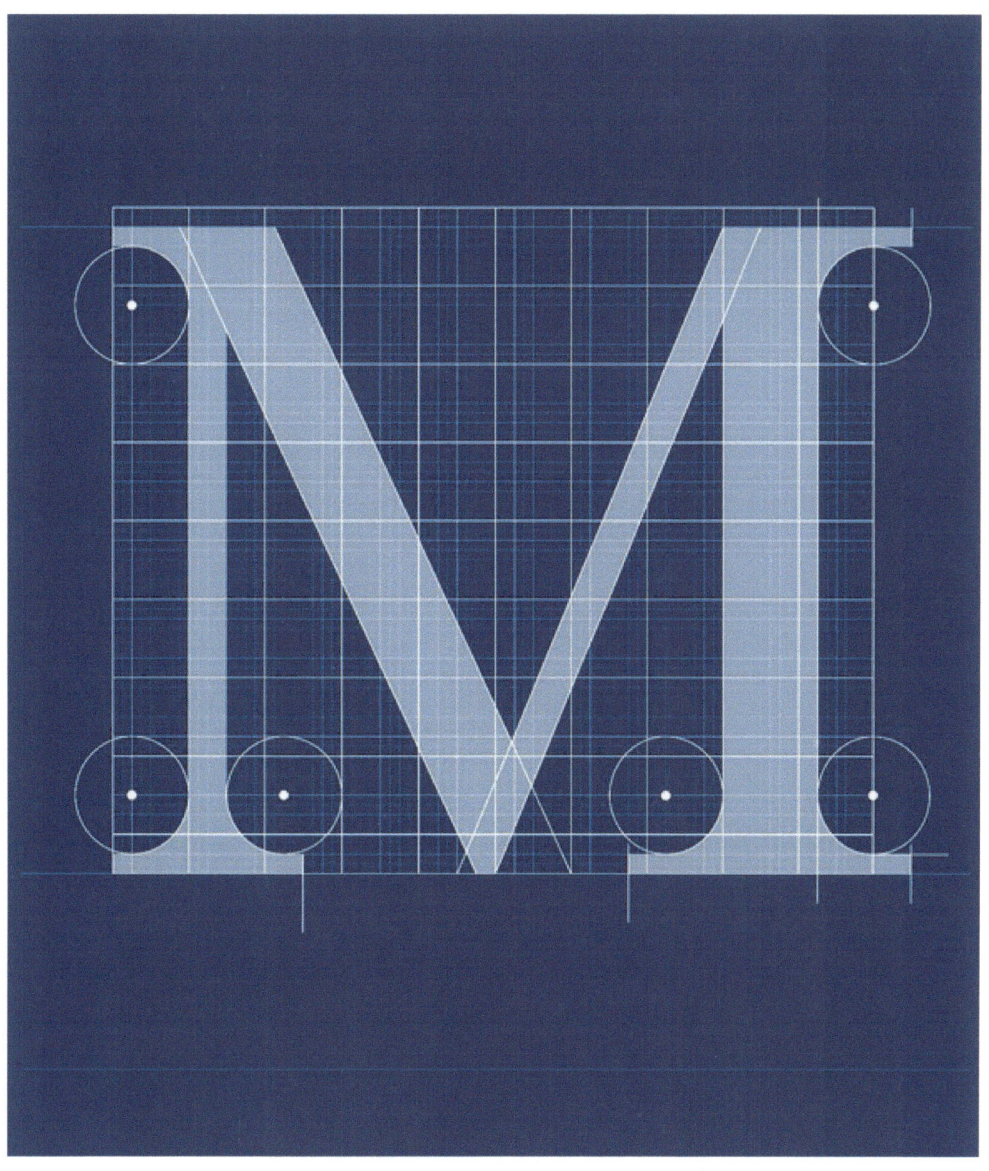

Lettera N

La larghezza senza serif è di circa ¾ dell'altezza, nei classici e nei moderni un po' più piccola, e in quelli meccanici la proporzione è come in quelli classici.

Il vertice inferiore deve superare la linea di base, altrimenti apparirebbe più piccolo se preceduto o seguito da altre lettere. Ma a volte la diagonale poggia sulla linea di base come nelle scritte meccaniche o molto scure.

Il gambo sinistro termina con un grande serif a sinistra.

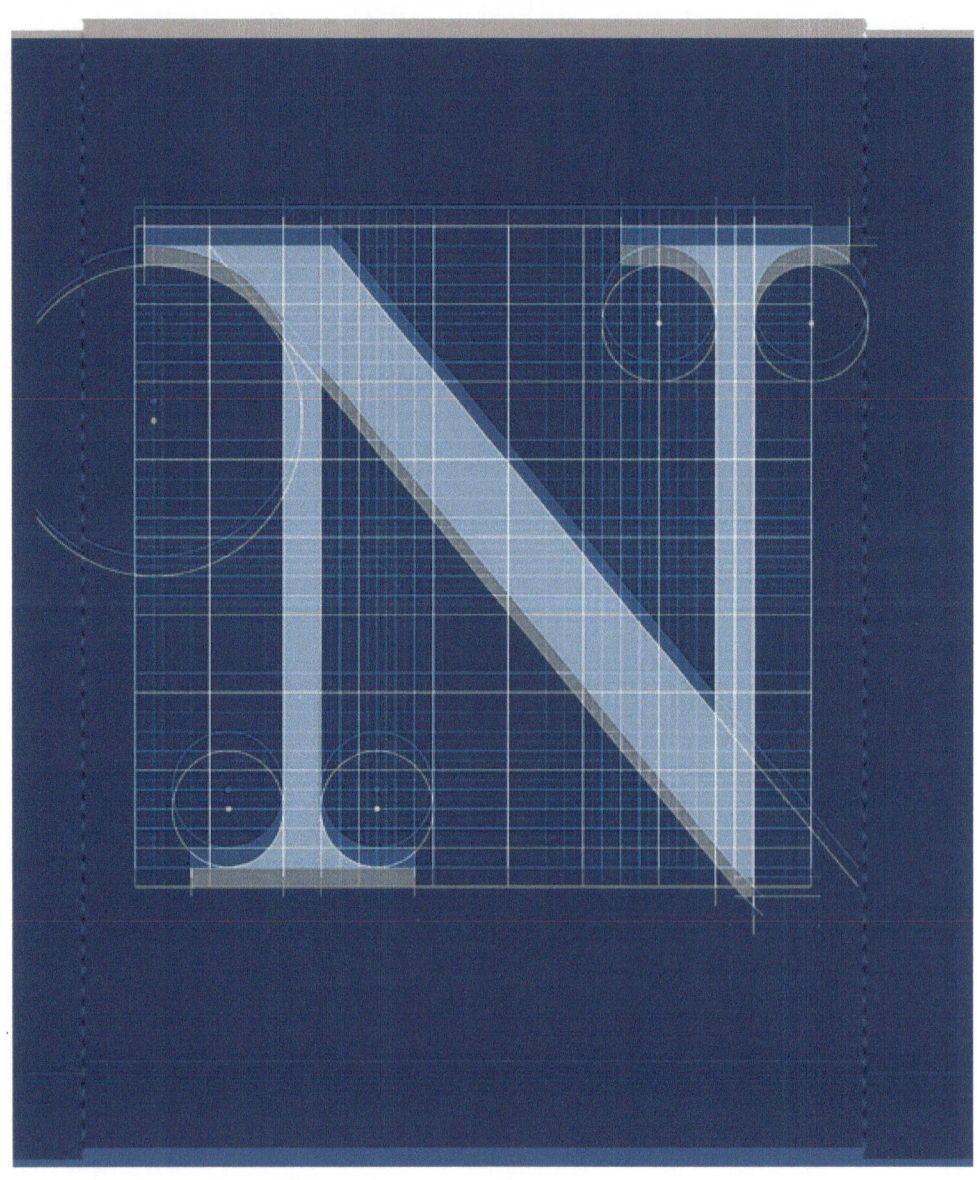

Lettera O

Nei primi tipi con serif, più precisamente nei classici Veneziani e Garaldi, la O era un cerchio quasi perfetto, con basso contrasto e modulazione angolare.

Nei transienti la forma diventa ovale abbassandosi di contrasto e verticale alzando la modulazione.

In quelle moderne, come le didonas, il contrasto raggiunge il suo massimo, così come la modulazione che ora è rigorosamente verticale. Nella meccanica il contrasto varia, ma segue la modulazione verticale.

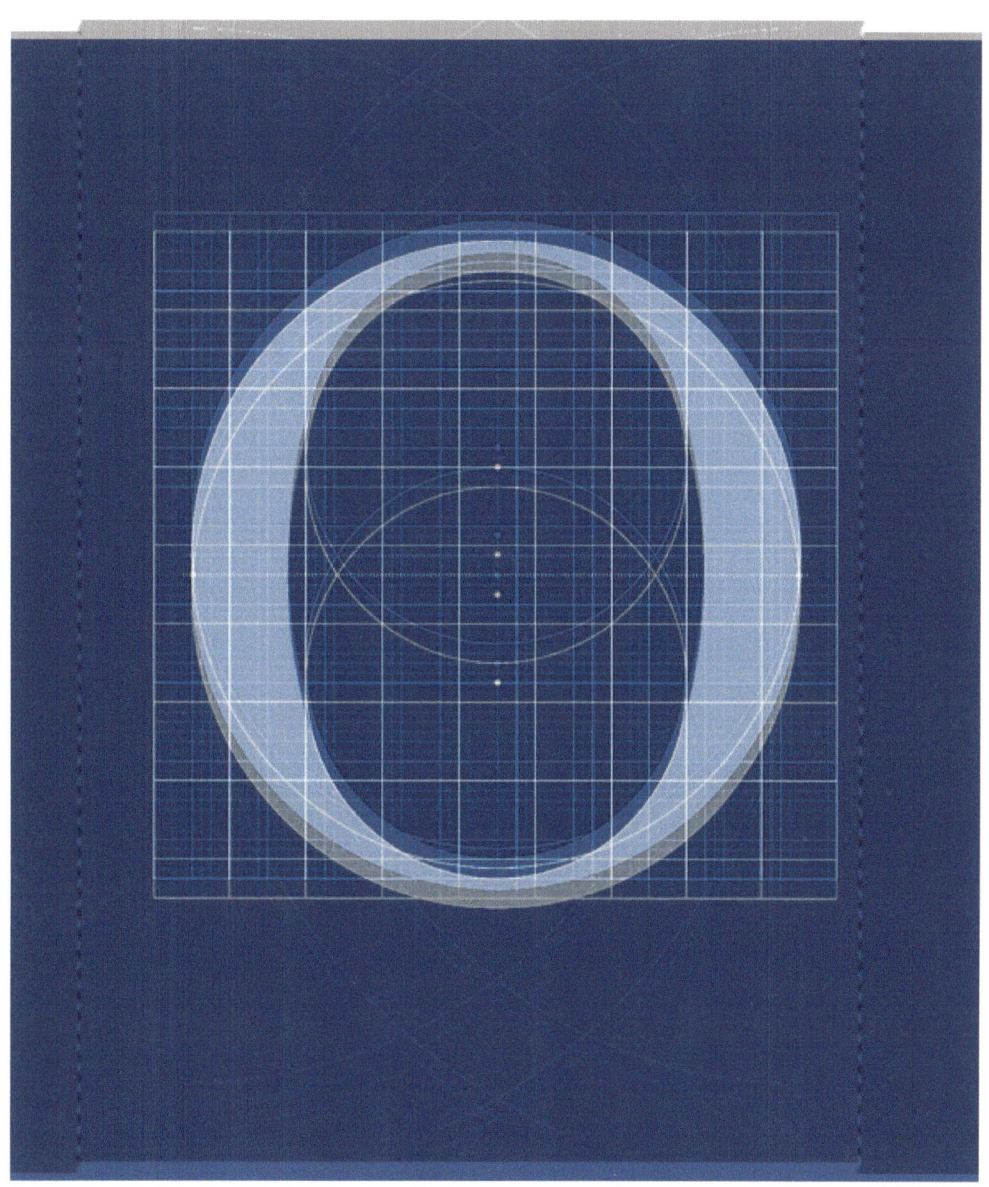

Lettera P

Queste lettere sono strettamente correlate alla B, ma ci sono differenze lievi ma espressive tra le due.

Il lobo della P è più grande, la parte interna è generalmente orizzontale, ma nei caratteri con forti influenze calligrafiche può essere arrotondato quando si unisce al gambo o meglio non lo unisce.

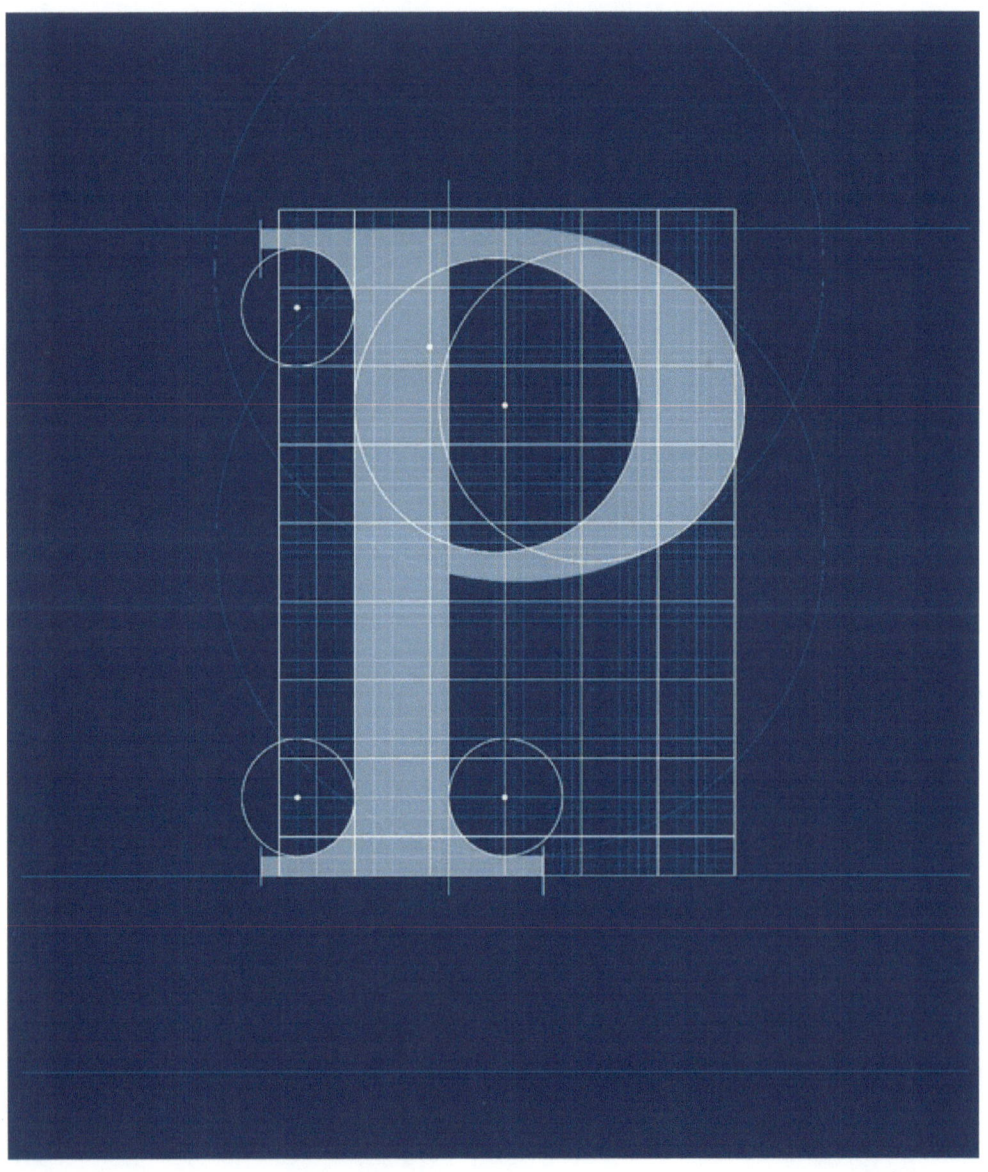

Lettera Q

È come una O con una coda la cui coda varia di forma e dimensione, nelle famiglie umane tende ad essere più lunga con una marcata influenza calligrafica e diminuisce di dimensione fino a giungere in meccanica con code generalmente di forma discreta. e nelle sue dimensioni.

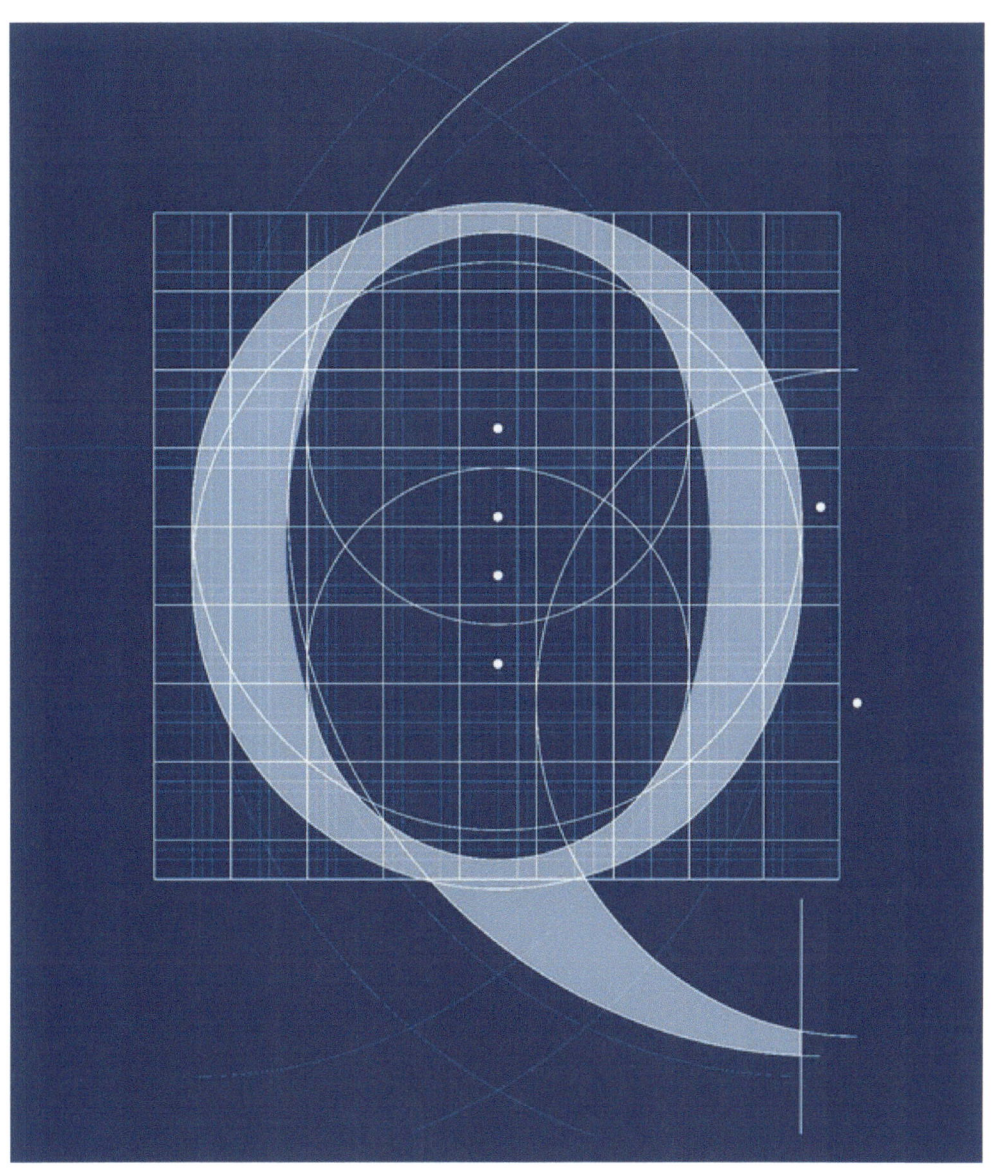

Lettera R

La dimensione del lobo della R è compresa tra quelle della be P. La coda può essere un arco diagonale o verticale. Quando l'estremità della coda ha la forma di un arco, termina con un serif a destra o uno sperone che è il vestigio della calligrafia

Il lato sinistro della coda non ha mai un serif e la finitura interna dell'asta è solitamente più piccola per evitare la congestione alla linea di base.

Quando la coda è in diagonale deve andare oltre il bordo dell'anello ma bisogna fare attenzione, una coda eccessivamente grande può causare problemi di spaziatura con le lettere davanti alla R.

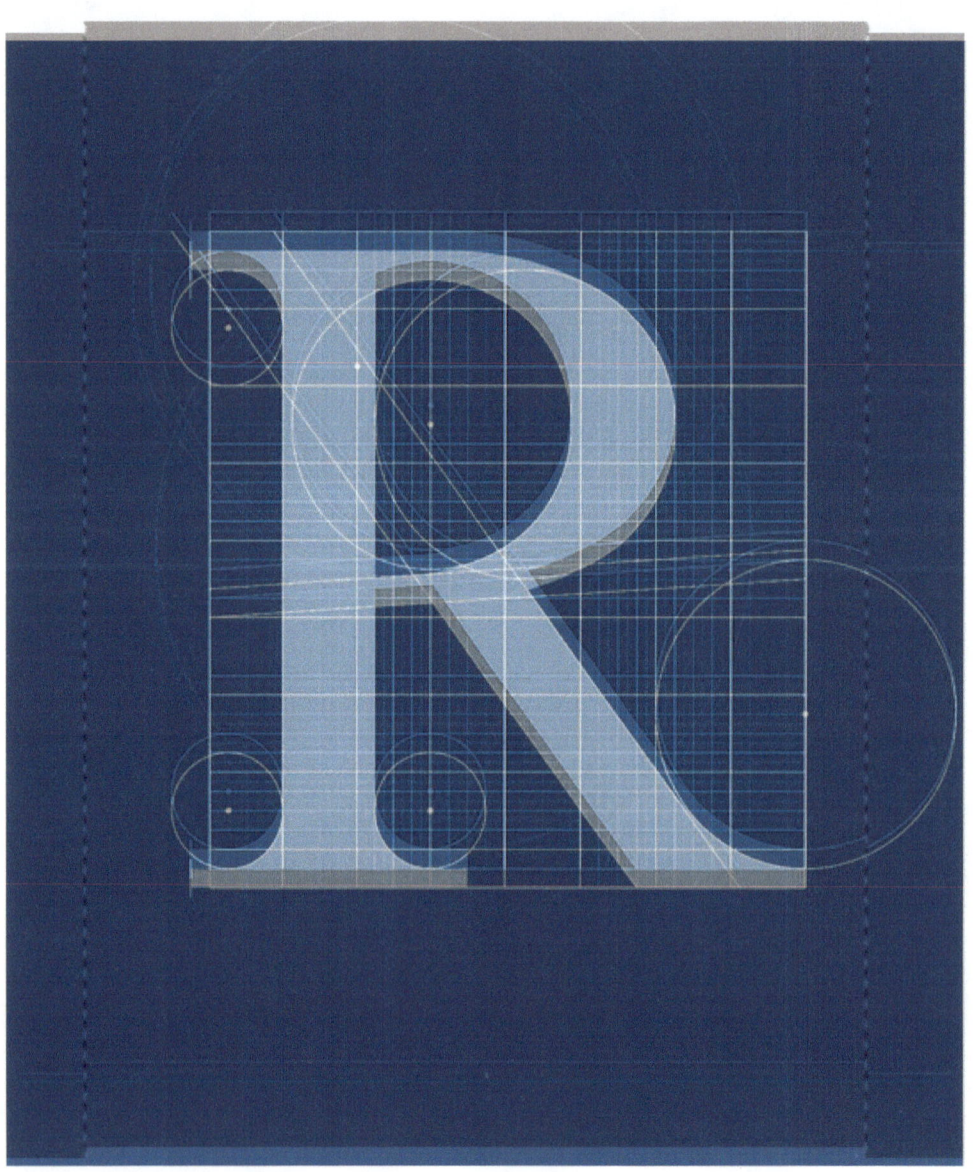

Lettera S

È una lettera con due lobi, quindi segui la stessa regola: il fondo è più grande dell'alto. E le forme circolari superiore e inferiore superano leggermente la linea di base.

I serif cambiano, in quelli veneziani con una forte influenza calligrafica, i terminali ricordano il tratto di una penna, nei garaldi vediamo l'aspetto di uno sperone, caratteristica che si ripete nella maggior parte delle famiglie successive.

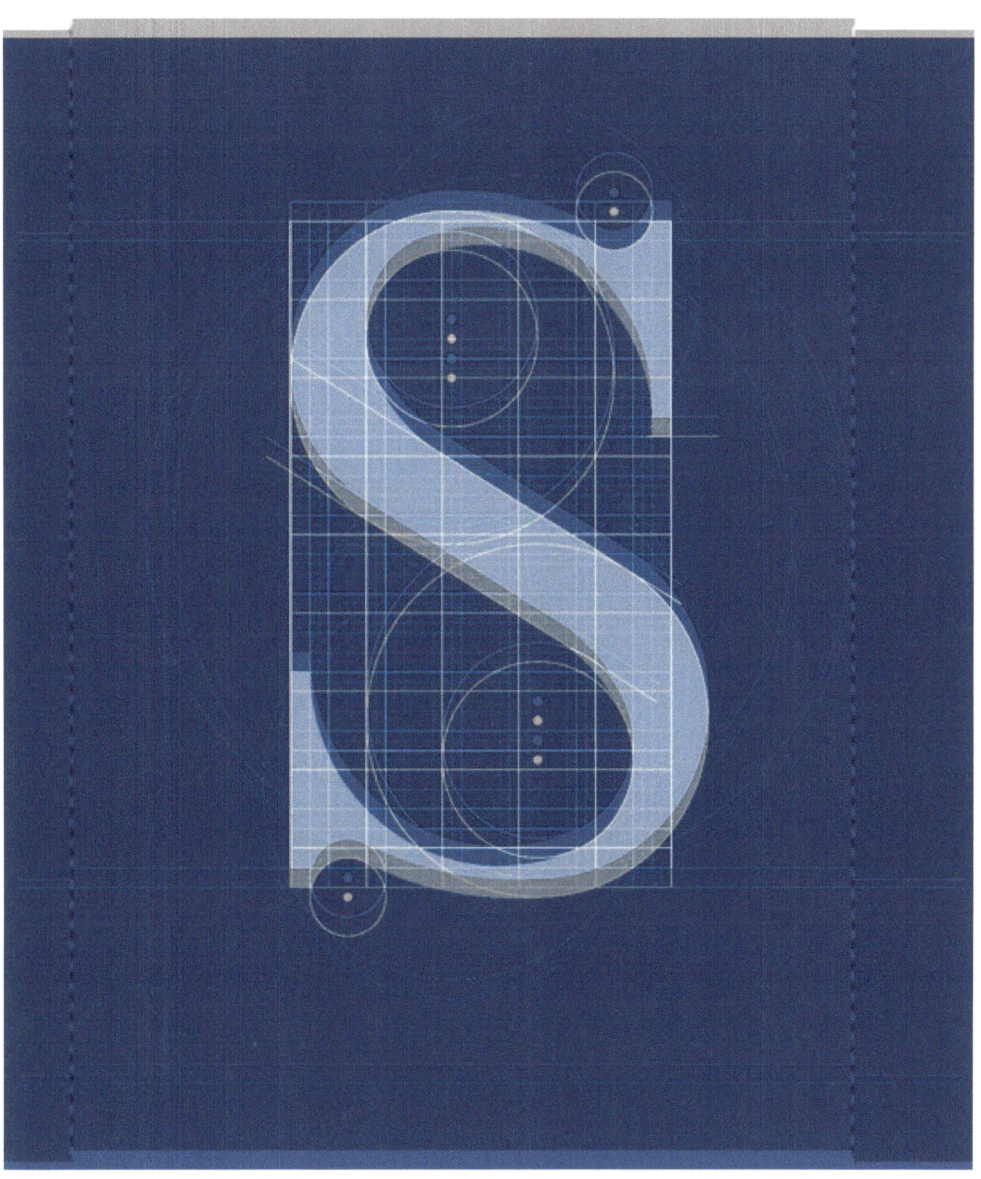

Lettera T

La larghezza è ¾ dell'altezza, la sua serifd superiore è cambiata. Negli stili veneziani, i serif generalmente hanno speroni e questi serif sono talvolta taglienti. Nei garaldi c'è la tendenza a perdere gli speroni e la perdita della forma angolare. In quelli veri, i serif sono per lo più dritti e gli speroni tendono a scomparire.

In quelli moderni non ci sono più speroni, i terminali sono perfettamente dritti.

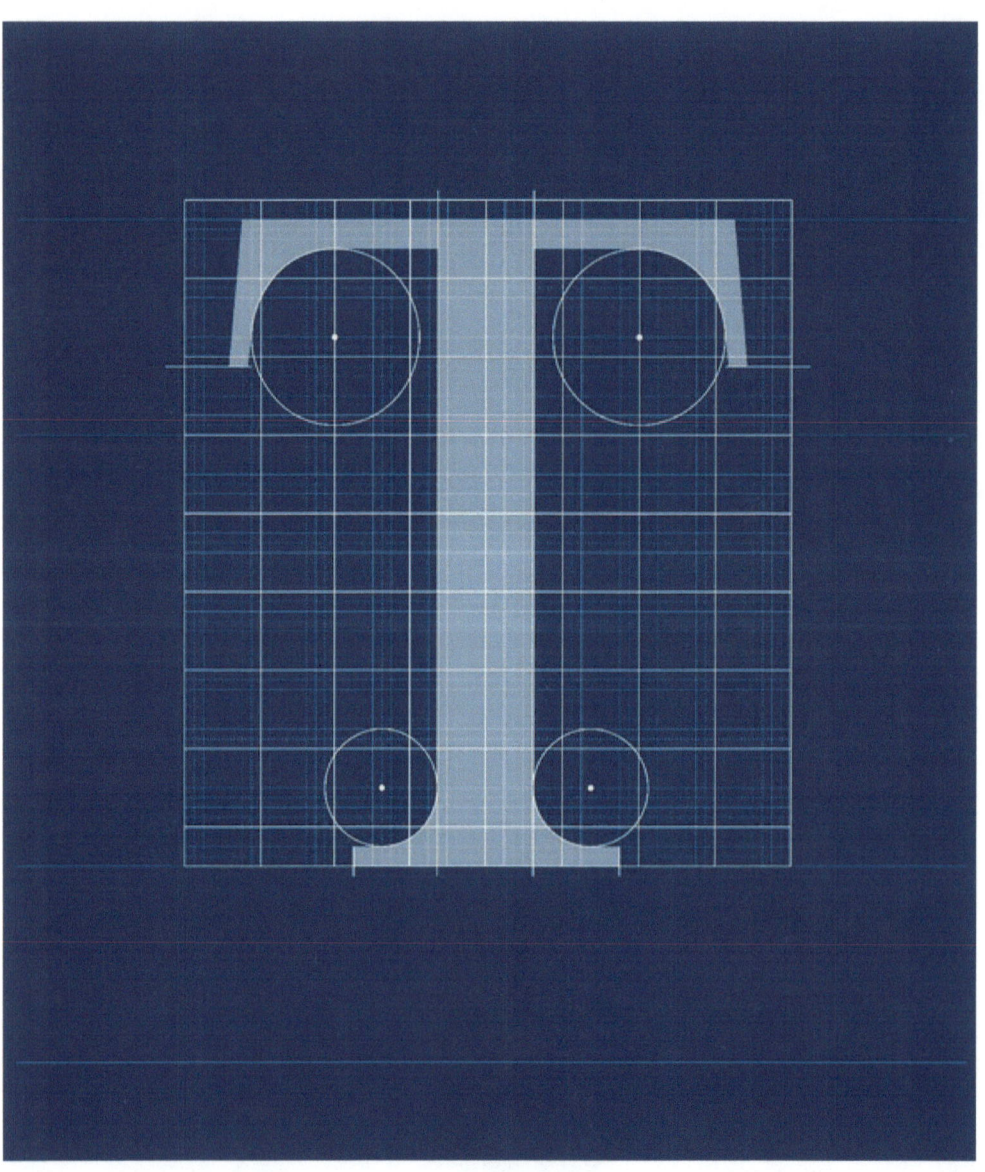

Lettera U

La larghezza è 4/4 dell'altezza e ci sono due forme a U, una con due steli spessi e una monoremate diritta sullo stelo destro. E uno con un gambo spesso a sinistra e uno sottile a destra.

La curva supera la linea di base mentre quando c'è il serif segue la linea di base,

In alcune famiglie di lettere c'è la tendenza a risaltare nella forma senza un serif inferiore. In quelli moderni non compare la forma monomattata mentre è molto comune in quelli veneziani.

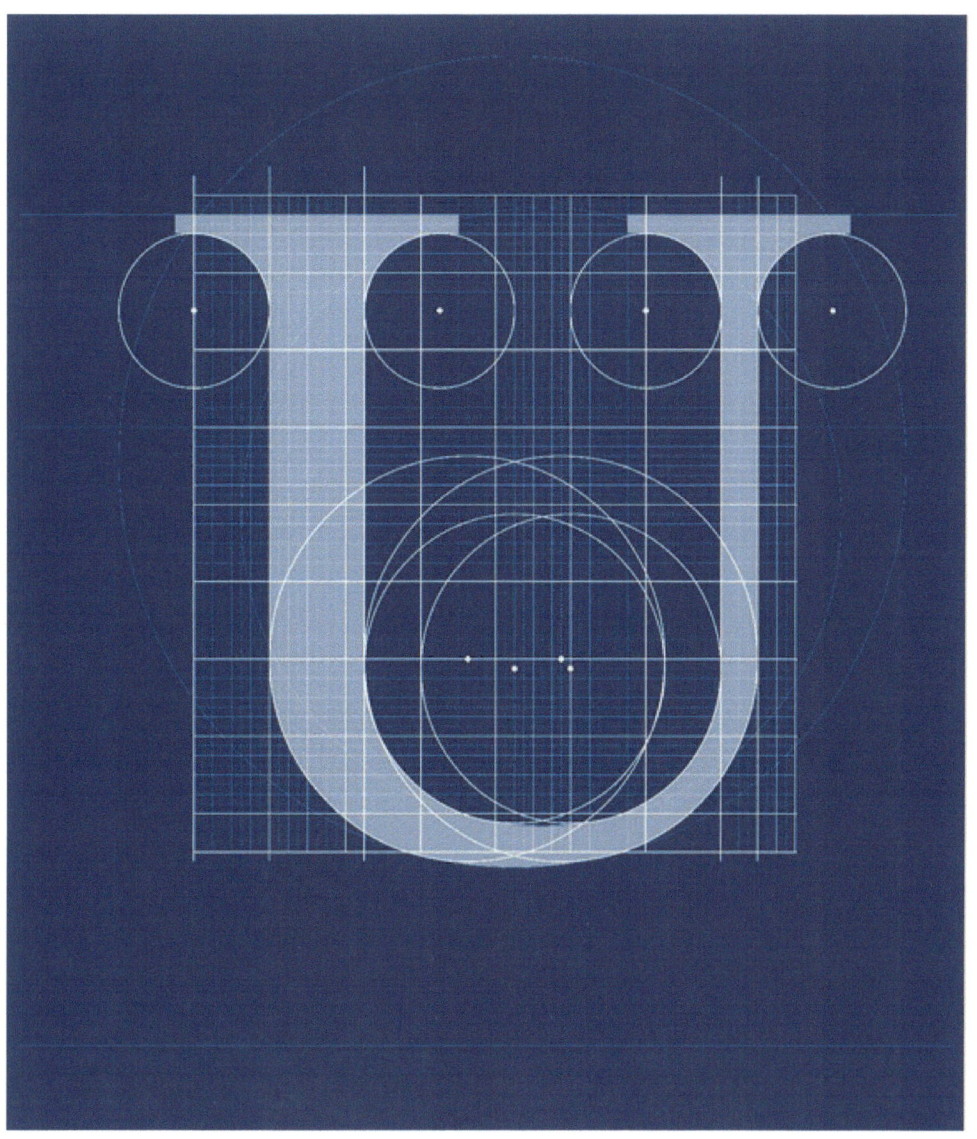

Lettera V

La larghezza è ¾ dell'altezza e difficilmente cambia. Il vertice supera la linea di base in quasi tutte le famiglie ad eccezione della meccanica in cui segue la linea di base, o in stili molto densi in altre famiglie.

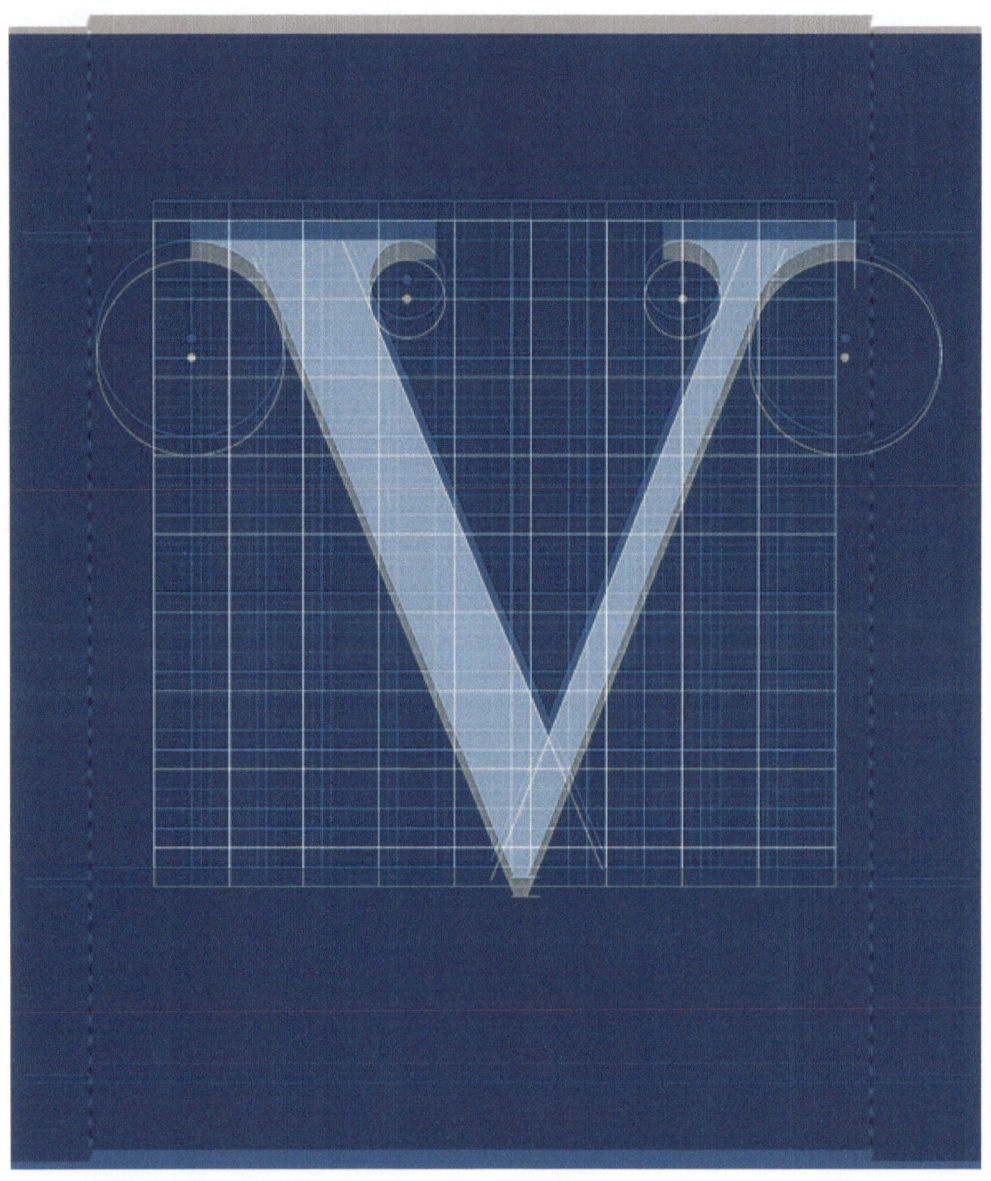

Lettera W

La larghezza e l'altezza sono le stesse. È formato da legatura, cioè è la fusione di due lettere V intersecanti Il punto di incrocio varia, ma la tendenza è che le forme si incontrino in un punto centrale con una finitura di giunzione.

I vertici superano la linea di base, tranne nella meccanica dove c'è un taglio nella linea di base come negli stili molto scuri di altre famiglie.

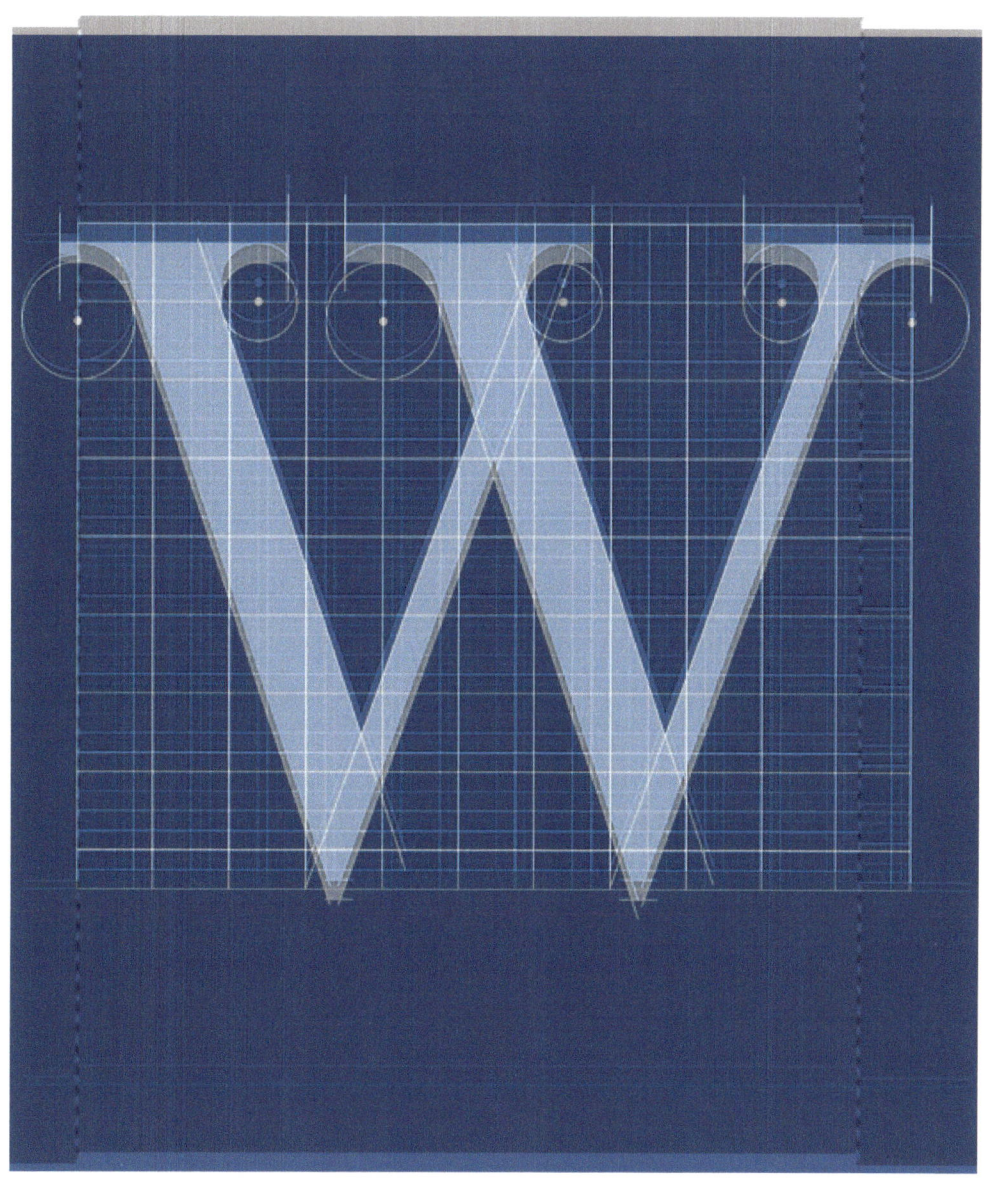

Lettera X

La larghezza è ¾ dell'altezza. Il punto di incrocio dello stelo è leggermente al di sopra del centro geometrico, rendendo la parte superiore più piccola di quella inferiore, fornendo equilibrio visivo.

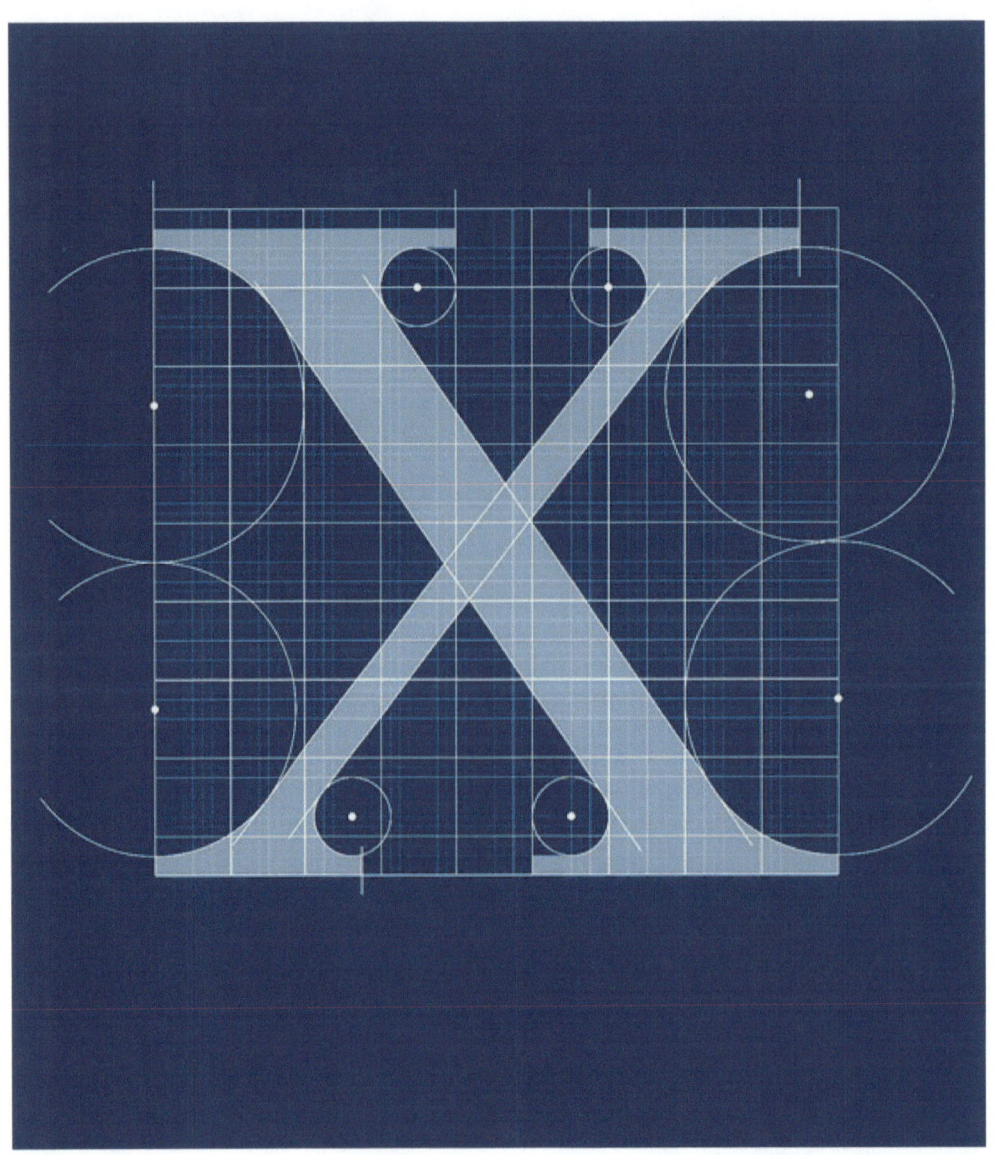

Lettera Y

La larghezza è ¾ dell'altezza. Il punto di giunzione dei tre tratti è leggermente al di sotto del centro ottico. Il punto può essere più basso per migliorare l'equilibrio con le lettere vicine.

Non ci sono stati cambiamenti significativi ..

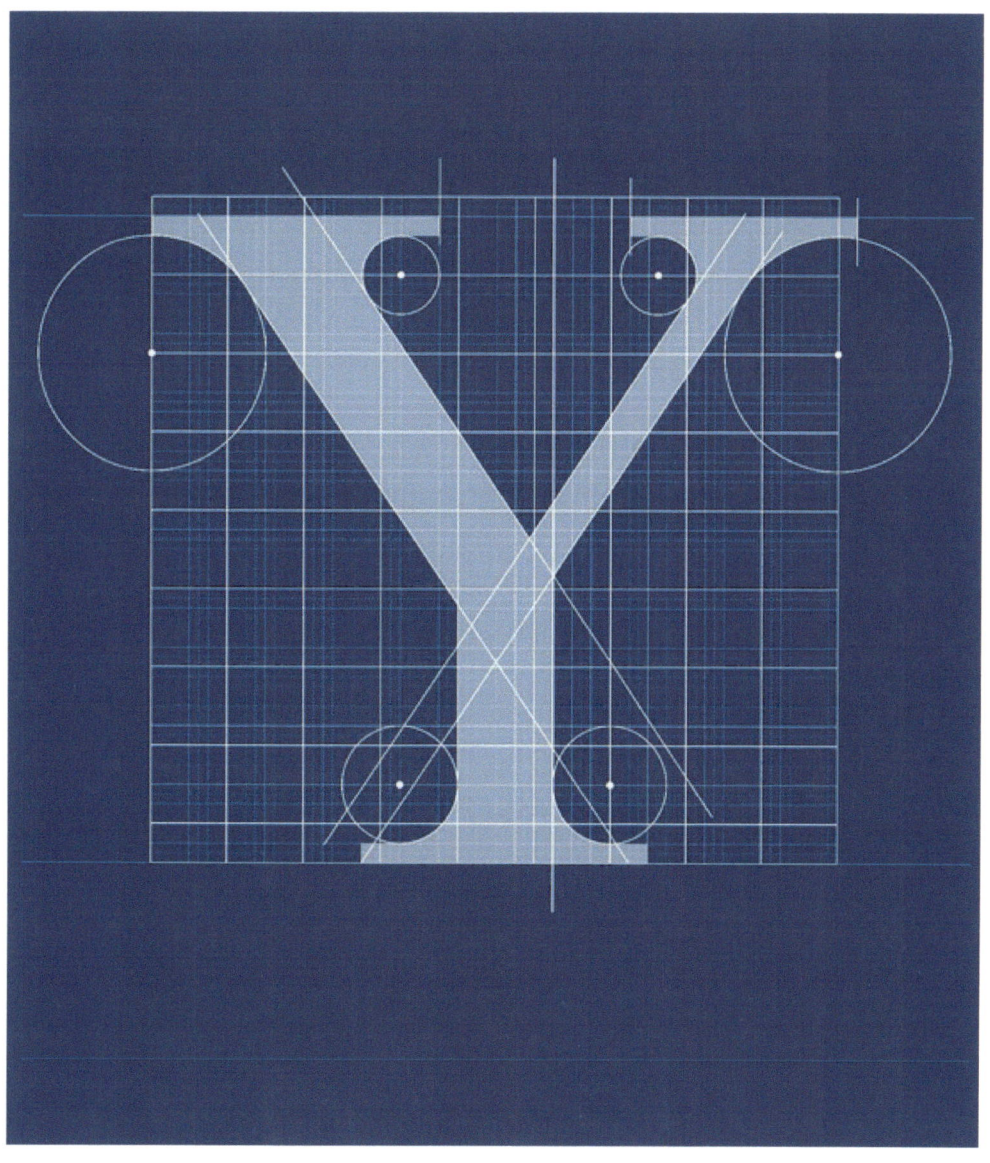

Lettera Z

La larghezza è ¾ dell'altezza. Z non è una lettera romana, quindi il tratto diagonale è diverso nella direzione opposta dagli altri tratti spessi delle altre lettere.

I tratti orizzontali terminano con serif verticali:

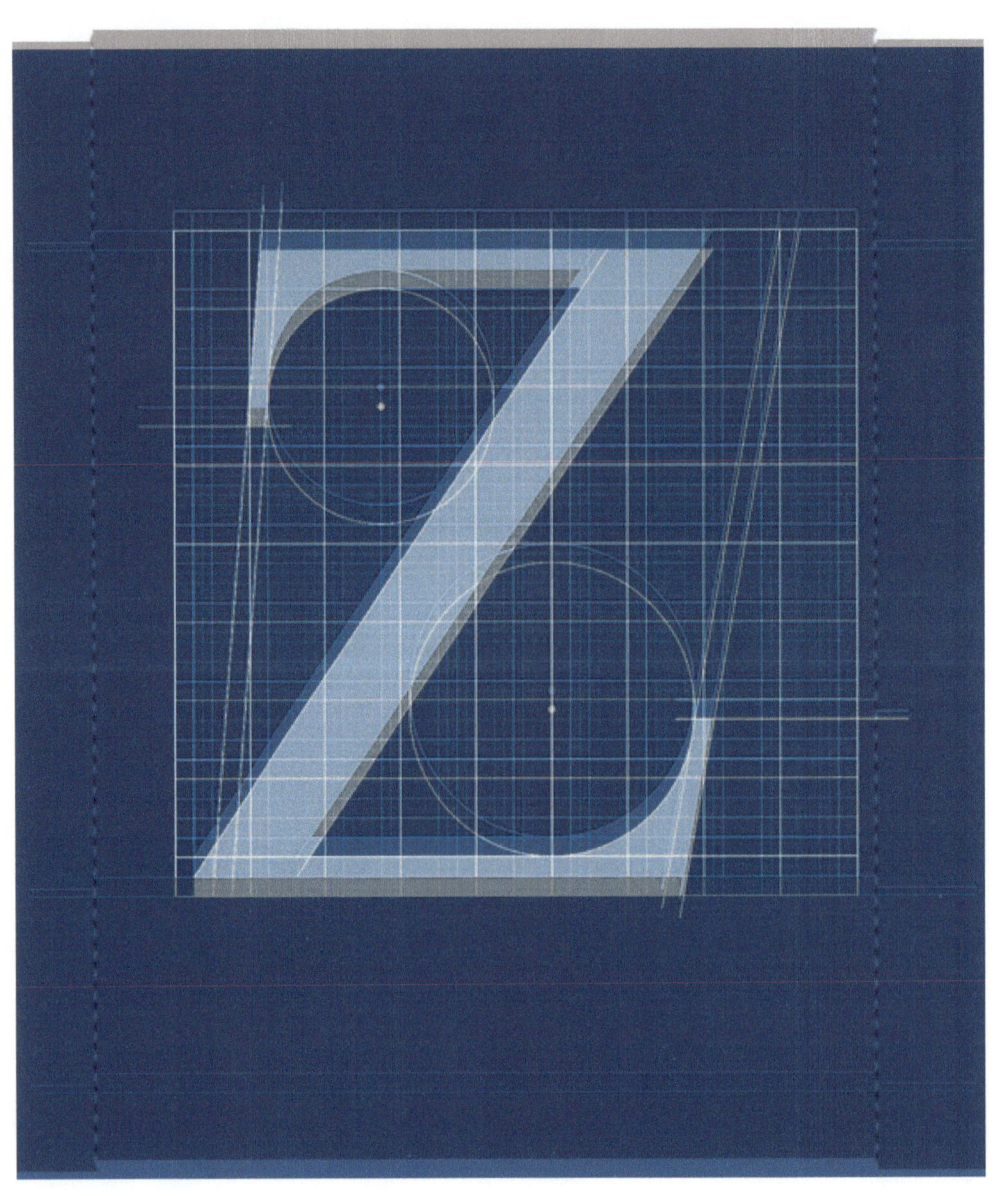

www.ingramcontent.com/pod-product-compliance
Lightning Source LLC
Chambersburg PA
CBHW051927210526
45473CB00006B/2168